Friedrich Baraga, 1837

# Geschichte, Character, Sitten und Gebräuche der nordamerikanischen Indier

## Herausgegeben von Clemens Gütl

Tredition Verlag

Hamburg, 2017

Verlag und Druck: tredition GmbH, Grindelallee 188, 20144 Hamburg

ISBN
Paperback:    978-3-7439-3239-5
Hardcover:    978-3-7439-3240-1
e-Book:        978-3-7439-3241-8

Pokahontas rettet dem Capitän John Smith das Leben.

# Geschichte,

## Character, Sitten und Gebräuche

### der

## nord-amerikanischen Indier.

Theils auf zuverläßigen Quellen, theils auf eigener

Erfahrung gesammelt und herausgegeben

von

## Friedrich Baraga,

Missionär der Otschipwe-Indier am See Superior, im Innern von

Nord-Amerika.

Laibach, 1837.

Gedruckt bei Joseph Blasnik

Verlegt und zu finden bei Johann Klemens, bürgerl. Buchbinder

Allen

Mitgliedern und Wohlthätern

des heilsamen

Leopoldinen=Vereines,

zur

Unterstützung der katholischen Missionen

in Nord=Amerika,

widmet mit dankbarem Herzen dieses Werkchen

der Verfasser

# Inhalt

# Kurze Vorerinnerung.

Als ich kaum erst ein Jahr in Nord-Amerika war, erhielt ich schon Aufforderungen auf meinem Vaterlande, über die Sitten und Gebräuche der nord-amerikanischen Indier zu schreiben. Ich hätte die Wünsche meiner Freunde gerne gleich erfüllt; allein ich war damahls noch nicht im Stande, etwas Interessantes über die Indier zu schreiben. Denn erstlich hatte mir der Mangel an Kenntniß der englischen Sprache den Zugang zu den Quellen der indischen Geschichte, die alle in dieser Sprache verfaßt sind, versperrt; und ferners hatte ich damahls noch zu wenig eigene Erfahrung rücksichtlich der Gebräuche der Indier, um die Richtigkeit der Quellen beurtheilen, und das Abgängige derselben ersetzen zu können. Allein seitdem hat mich ein genaueres Studium der englischen Sprache, die mir seit dem ersten Eintritte in die vereinigten Staaten zum unentbehrlichen Bedürfnisse geworden ist, wie auch ein sechssjähriger Aufenthalt unter den Indiern, in den Stand gesetzt, dieses Werkchen über die nord-amerikanischen Indier zu schreiben, um die Wünsche meiner wißbegierigen Freunde, besonders aber der wohlthätigen Mitglieder des heilsamen Leopoldinen-Vereines in etwas zu befriedigen.

Wenn die Wohlthäter dieses Vereines auf diesen Blättern werden ersehen haben, wie bedauerungswürdig die barbarische Blindheit der heidnischen Wilden ist, und wenn sie dann bedenken werden, daß es jetzt schon sehr viele gibt, die auf dem rohen Heidenthume zur heiligen Religion Christi sich bekehrt haben, und nun fröhlich und dankbar auf dem Wege des Heiles wandeln, so mögen sie sich im Herrn erfreuen; denn ihren Wohlthaten, nächst Gott haben es die nord-amerikanischen Wilden zu verdanken, daß sie Glaubensprediger unter ihnen haben, die ihnen mit Gottes Hülfe den Weg des Heiles zeigen, und sie auf demselben fortführen.

Geschrieben in der Mission zum heil.
Joseph am See Superior in Nord-
Amerika, den 10. September 1836.

F. B.

# Kurzer Umriß
## der
## Geschichte der nord-amerikanischen Indier.

Die Geschichte der amerikanischen Völkerstämme überhaupt beginnt mit dem 12. October 1492. An diesem für Amerika merkwürdigsten und entscheidendsten Tage entdeckte Christoph Columbus diesen neuen, bisdahin allen Völkern der östlichen Hemisphäre unbekannten Welttheil.

Christoph Columbus, ein geborner Genueser, hoffte, mittelst einer fortwährend westlichen Fahrt, einen geraden und daher viel kürzeren Weg nach Ost-Indien finden zu können, als es der gewöhnliche Weg um das Vorgebirge der guten Hoffnung ist; und faßte den Entschluß, sich durch einen Versuch von der Möglichkeit dieser Fahrt nach Ost-Indien zu überzeugen.

Um diesen Plan auszuführen, suchte er zuerst Hülfe und Unterstützung vom Senate von Genua, allein er wurde als ein Schwärmer angesehen und sein Plan verworfen. Darauf reisete er nach Portugal, um am dortigen Hofe Unterstützung zur Aufführung seines Planes zu finden, allein sein Plan wurde auch dort nicht angenommen. Er sandte nun seinen Bruder Bartholomäus zum Könige von England, Heinrich VII. Allein Bartholomäus wurde auf dem Wege gefangen genommen, und lange Zeit in der Gefangenschaft gehalten, so, daß er den Auftrag seines Bruders erst nach einigen Jahren verrichten konnte.

Der großherzige und standhafte Columbus ließ sich durch alle diese Widersprüche und widrigen Ereignisse nicht abschrecken, und versuchte noch am spanischen Hofe Unterstützung zur Aufführung seines großen Planes zu erhalten. König Ferdinand wollte keineswegs zu einer solchen Unternehmung irgend eine Unterstützung bewilligen, denn er hielt wie alle Uebrigen den Plan des Columbus für Schwärmerei, und dessen Aufführung für unmöglich. So weit war das Genie des großen Entdeckers über den Geist seiner Zeitgenossen erhaben, daß sich Niemand bis zur Höhe seiner Entwürfe erschwingen konnte.

Nach einer langwierigen Verzögerung von vier Jahren, die wohl fähig gewesen wäre, jeden minder standhaften Geist, als es jener dieses seltenen Mannes war, zu ermüden, fand er endlich an der Königinn Isabella, Ferdinands Gemahlinn, eine Gönnerinn und Beförderinn seiner Plane. Sie verkaufte einen Theil ihres kostbaren Schmuckes, und bestritt die Auslagen für die Ausrüstung von drei Schiffen: Santa Maria, Pinta und Nigna.

Mit dieser kleinen Flotte segelte Columbus am 3. August 1492 von Spanien ab, und fuhr immer westlich in einen unermeßlichen Ocean, den bis dahin noch nie ein Schiff durchkreuzt hatte. Er hoffte in Ost-Indien zu landen, allein die Vorsehung öffnete ihm den Weg zu einer neuen, allen civilisirten Völkern bis dahin noch unbekannten Welt. Kaum war er zwei Monate auf der Reise, so wurde seine Mannschaft so muthlos und unzufrieden, daß es aller Gewandtheit seines großen Geistes bedurfte, um sie zu beruhigen, und zur Fortsetzung der Reise zu bewegen. Jedoch konnte er sie mit allen seinen Gründen und aller seiner Authorität nur auf kurze Zeit beruhigen. Ein allgemeines Murren fing bald wieder an und nahm immer zu, so daß ihre Muthlosigkeit und Zaghaftigkeit an Verzweiflung gränzte. Mitten unter diesen widrigen Umständen blieb der erhabene Geist des Columbus immer heiter und standhaft, und es gelang ihm immer wieder seine Mannschaft zu beruhigen. Endlich mußte er ihnen versprechen umzukehren, sollten sie in drei Tagen kein Land entdecken. Allein die Vorsehung, die es beschlossen hatte, diesen Welttheil zur Kenntniß der civilisirten Völker zu bringen, fügte es, daß sie vor Verlauf dieser drei Tage, am 12. October 1492 eine Insel entdeckten, die sie San Salvador nannten.

Allgemeine Freude erfüllte die Mannschaft. Sie warfen sich alle auf die Knie, und dankten Gott für den glücklichen Ausgang ihrer Entdeckungsreise. Sie bathen auch ihren Admiral, dessen Geistesgröße sie nun erkannten und bewunderten, um Verzeihung ihres halsstärrigen Betragens.

Columbus, prächtig gekleidet und mit entblößtem Schwerte, landete der erste, und nach ihm die ganze Mannschaft. Sie knieten alle nieder, küßten das Erdreich der neu entdeckten Welt, und Columbus nahm das Land feierlich in Besitz im Namen der Königinn Isabella.

Columbus und seine Spanier verwunderten sich nicht wenig, als sie an den Bewohnern der entdeckten Insel eine Volks-Race fanden, die von allen denen, die sie bisher gesehen hatten, verschieden war. Sie waren von kupferrother Farbe, nackt, ohne Bart, mit langen schwarzen Haaren. Allein die Wilden waren noch weit mehr erstaunt, als sie die Spanier sahen. Sie hielten sie für Kinder der Sonne, ihres Hauptgötzen.

Nachdem Columbus einige Wochen mit der Aufforschung des Landes, das er entdeckte, zugebracht, und noch mehrere andere benachbarte Inseln besucht hatte, begab er sich auf die Rückreise. Auf dieser Reise wurde er von einem fürchterlichen Sturme überfallen, der beinahe seinen Untergang herbeiführte. Mitten in diesem Sturme schrieb Columbus mit vieler Geistesgegenwart einen kurzen Bericht seiner Entdeckung nieder, und packte ihn sorgfältig in ein Fäßchen, so daß kein Wasser eindringen konnte, und warf das Fäßchen ins Meer, in der Hoffnung, daß es Jemanden in die Hände komme, und daß so seine wichtige Entdeckung der Welt werde bekannt werden, sollte er in diesem Sturme zu Grunde gehen. Der Sturm ließ jedoch nach, und Columbus erreichte Spanien am 15. März 1493.

Nachdem Columbus der Welt den Weg nach diesem neuen Welttheile gezeigt hatte, fanden sich bald mehrere Andere auf verschiedenen Ländern, die dahin reiseten, um neue Entdeckungen zu machen, oder um sich da anzusiedeln.

Es ist eine geschichtliche Thatsache, daß zur Zeit der Entdeckung von Amerika dieser ganze Welttheil bewohnt war. Allein, wann die ersten Bewohner in dieses Land kamen, und woher sie kamen, hat uns noch kein geschichtliches Document gezeigt. Die Geschichte der amerikanischen Völkerstämme überhaupt vor der Entdeckung von Amerika ist uns gänzlich unbekannt, und wird uns wohl auch für immer unbekannt bleiben.

Die Frage, woher die amerikanischen Indier gekommen sind, wurde von gelehrten englischen Geschichtsforschern verschieden beantwortet. Ich glaube jedoch, daß es keinem vernünftigen Zweifel unterworfen seyn kann, daß sie von Asien, dieser Wiege des menschlichen Geschlechtes nach Amerika gekommen sind, um so mehr, da die Bherings-Straße, welche Asien von Amerika trennt, an einigen Stellen nicht über 40 englische Meilen breit ist, folglich eine weit kürzere Ueberfahrt gestattet, als sie die Indier oft in ihren Kähnen unternehmen; sie konnten also sehr leicht von Asien nach Amerika überschiffen. Ueberdieß ist die Bheringsstraße im Winter überfroren, und die Indier machen oft weitere Reisen über ihre zugefrorenen Seen, als 40 englische Meilen.

Die Küste von Nord-Amerika wurde zuerst im Jahre 1497 von John Cabot[1] besucht. Cabot wurde von Heinrich VII., König von England, der auch seinen Antheil an der neu entdeckten Welt haben wollte, nach Amerika geschickt. Er landete zuerst auf der Insel Neufundland, und bald darauf entdeckte er das feste Land von Nord-Amerika, und war der erste Europäer, der den Continent von Nord-Amerika besuchte. Allein er kehrte bald wieder nach England zurück, und legte keine Colonie hier an.

Im Jahre 1524 schickte Franz I., König von Frankreich, einen Florentiner, Namens Verrazano nach dem neu-entdeckten Welttheil, um für die Krone von Frankreich einen Theil desselben in Besitz zu nehmen. Er landete in Florida, und nachdem er eine weite Strecke der nord-amerikanischen Küste besucht und aufgeforscht hatte, kehrte er nach Frankreich zurück, ohne den Versuch einer Ansiedelung zu machen.

Im Jahre 1584 wurde der erste Versuch der Anlegung einer Colonie in Nord-Amerika, im gegenwärtigen Staate Virginien, unter der Leitung eines englischen Edelmanns, Walter Raleigh, gemacht. Diese Colonie bestand aus 180 Engländern. Sie war aber von kurzer Dauer, denn die Colonisten wollten sich nicht auf den Feldbau verlegen, sondern suchten nur nach Gold und Silber. Ihre mitgebrachten Lebensmittel waren bald verzehrt, und sie waren genöthiget, von den Indiern Lebensmittel einzutauschen; allein dieses konnte nicht lange dauern. Sie verließen daher die Colonie, und kehrten nach England zurück, nachdem sie nicht volle zwei Jahre in Amerika zugebracht hatten.

Diese Colonisten hatten während der zwei Jahre, die sie unter den Indiern von Nord-Amerika zubrachten, von ihnen die Gewohnheit Taback zu rauchen, angenommen; so wie sie die Spanier von den Indiern in Süd-Amerika viele Jahre vorher angenommen hatten. Und

---

[1] Sein eigentlicher Name ist Giovanni Gaboto. Er war ein geborner Venetianer; nachdem er sich aber in England ansässig gemacht hatte, nannte er sich John Cabot, und unter diesem Namen ist er in der Geschichte bekannt.

bei ihrer Rückkehr nach Europa lehrten diese Colonisten ihre Landsleute den eckelhaften, der Erfindung der Wilden würdigen Gebrauch des Tabackrauchens.

Alle bisherigen Versuche, eine beständige Colonie in Nord-Amerika anzulegen, mißlangen, bis endlich im Jahre 1607 der Grund zur ersten bleibenden Colonie im Staate Virginien gelegt wurde. Und mit diesem Jahre fängt auch die Geschichte der nord-amerikanischen Indier an. Die Geschichte dieses Volkes vor dieser Periode ist wegen des gänzlichen Mangels geschichtlicher Documente ganz unbekannt.

In diesem Jahre kam Christoph Newport mit 105 Colonisten von England an, und landete an der Mündung eines großen Flußes im gegenwärtigen Staate Virginien, welchen er zu Ehren seines Königs Jamesfluß nannte. Sie fuhren den Fluß aufwärts, bis sie zu einer schönen Stelle kamen, wo sie sich anzusiedeln beschloßen. Die Stadt, die diese Colonisten zu bauen anfingen, nannten sie gleichfalls zu Ehren des Königs von England, Jamestown. Bald kamen noch mehrere Individuen von England an, und vermehrten die Colonie bedeutend.

Die benachbarten Indier fingen nun an, um ihr Land besorgt zu seyn, da sie die schnelle Vermehrung und Verstärkung der Colonisten sahen. Sie brachen zwar noch nicht in offenbare Verfolgung aus, jedoch fingen sie schon an, sich der Colonie feindselig zu zeigen. Die Colonisten waren daher genöthiget, Jamestown mit Palisaden zu umgeben, um die Anfälle ihrer wilden Nachbarn abzuwehren.

Einer der Häuptlinge dieser Colonie, Namens John Smith, ging eines Tages mit einigen Colonisten in das Innere des Landes, um es zu erforschen. Als sie in einiger Entfernung von der Colonie waren, wurden sie plötzlich von Wilden, die im Gebüsche auf sie gelauert hatten, überfallen. Es entstand ein Gefecht, in welchem die wenigen Engländer von der großen Menge der Wilden bald überwältiget, und theils getödtet, theils gefangen genommen wurden.

Merkwürdig ist, was in diesem Gefechte mit John Smith vorfiel. Er wurde gleich Anfangs von einem Pfeile eines Wilden verwundet. Nun ergriff er mit der Linken seinen Wegweiser, der ein Indier war, und hielt ihn als einen Schild gegen die Pfeile seiner Feinde vor sich, und mit der Rechten schwang er seine Muskete, und erschlug damit vier Indier, die ihm nahe kamen. Indessen zog er sich immer zurück, und hoffte, bald der Gefahr zu entgehen; allein er kam auf eine sumpfige Stelle, und sank so tief, daß er sich nicht mehr vertheidigen konnte, und wurde von den Indiern, die sich über seine Tapferkeit sehr verwunderten, gefangen genommen. Um den unmittelbaren Tod zu vermeiden, reichte er mit vieler Geistesgegenwart den Indiern, die ihn hielten, eine Magnetnadel in einer elfenbeinernen Büchse dar, und fing an, theils durch Zeichen, theils durch abgebrochene Worte, ihnen die sonderbare Eigenschaft der Magnetnadel zu erklären. Sie verwunderten sich, und betrachteten aufmerksam die Büchse, allein bald kehrte ihre Aufmerksamkeit auf ihren wichtigen Gefangenen zurück. Sie banden ihn an einen Baum, und waren schon bereit, ihn mit ihren Pfeilen zu durchbohren, als plötzlich der Indier, der die Magnetnadelbüchse in der Hand hielt, den übrigen zurief:

„Lassen wir ihn noch leben, und führen wir ihn zu unserm Könige". Sie banden ihn vom Baume los, und führten ihn im Triumphe zu ihrem Oberhaupte Powhatan. Dieser berief seinen Rath, und der Gefangene wurde förmlich zum Tode verurtheilt, als ein Mann, der durch seinen Muth und seine Gewandtheit den Wilden sehr gefährlich werden könnte. Smith wurde nun auf die Richtstätte geführt. Hier war ein großer platter Stein, auf diesen mußte er sein Haupt legen, und Powhatan wollte in eigener Person Scharfrichter seyn. Eine ungeheure Keule wurde dem Wilden dargereicht, und schon erhob er die Keule mit seinem mächtigen Arme, um das Haupt des Europäers zu zerschmettern, als plötzlich seine junge und schöne Tochter Pokahontas mit einem durchdringenden Schrei des Schreckens herbeisprang, sich auf ihre Knie warf, und sich über das Haupt des Verurtheilten neigte. Und nun erhob sie ihren flehenden Blick gegen ihren erstaunten Vater, und bath mit stummer jedoch eindringender Beredsamkeit um das Leben des Gefangenen. Der barbarische Wilde, der wohl nie ein edles Gefühl in seinem Herzen wird empfunden haben, fand sich durch diesen Auftritt so übermannt, daß er kraftlos seinen Arm sinken ließ. Aehnliche Gefühle bemächtigten sich der Umstehenden, und Smith wurde begnadigt, und bald darauf in Freiheit gesetzt.

Durch dieses Ereigniß wurde die Freundschaft und der Friede zwischen den Colonisten und den Indiern hergestellt, und dauerte zwei Jahre.

Powhatan war einer der merkwürdigsten indischen Oberhäuptlinge von Nord-Amerika. Er herrschte mit beinahe unbeschränkter Gewalt über alle die verschiedenen indischen Stämme im gegenwärtigen Staate Virginien, deren es zur Zeit der Ankunft der ersten englischen Colonisten dreißig gab. Jeder dieser Stämme hatte zwar einen eigenen Oberhäuptling, allein Powhatan übte die Oberherrschaft über alle aus. Die Oberhäuptlinge der 30 Stämme zahlten ihm einen jährlichen Tribut an Pelzwerken, Rehhäuten, türkischen Weitzen, Kupfer u. d. gl.; und die Oberhäuptlinge erhielten diesen Tribut von ihren Stammesgenossen.

Powhatan hatte vier Residenzplätze, in welchen er sich zu verschiedenen Zeiten des Jahres aufhielt.

Seine Residenz bestand auf einer indischen Hütte, die sehr hoch und breit, und gegen 100 Schuh lang war. In dieser Hütte wohnte er mit seiner Leibgarde, seinen Weibern und Dienern. Seine Leibgarde bestand gewöhnlich auf 40 bis 50 der größten und stärksten seiner Krieger. In der Nacht standen vier dieser Krieger Wache an den vier Ecken seiner Residenz. Von Zeit zu Zeit, etwa jede halbe Stunde, riefen sie einer dem andern zu, um sich immer wachend zu erhalten. Wenn einer nicht antwortete, wurde er von einem Officier der Leibgarde fürchterlich geschlagen.

Dieser mächtige indische König hatte noch eine andere sehr starke, auf Baumstämmen zusammengefügte, und mit hohen Palisaden umgebene Hütte, welche seine Schatzkammer war. Sie war ungefähr 150 Schuh lang, und verhältnißmäßig breit. Hier hatte er seine Pelzwerke, Häute und andere Artikel, die er als Tribut erhielt, in Verwahrung, so wie auch seine Bogen und Pfeile, seine Schilde und Streitkolben. Um seinen Untergebenen eine gewiße Ehrfurcht gegen dieses Haus einzuflößen, ließ er an jeder Ecke desselben ein Götzenbild aufstellen, näm= lich rohe Vorstellungen eines Drachen, eines Bären, eines Leoparden und eines Menschen.

Er hatte eine große Anzahl von Weibern in seinen Residenzen. Eins seiner Weiber saß immer auf seiner rechten, und ein anderes auf seiner linken Seite. Vor jeder Mahlzeit brachte ihm eins seiner Weiber in einem hölzernen Gefäße Wasser, um sich die Hände zu waschen, und ein anderes reichte ihm Flaumen dar, deren er sich statt eines Handtuches bediente, um sich die Hände abzutrocknen. Wenn er seiner Weiber überdrüßig wurde, gab er sie seinen Kriegern und nahm sich andere.

Im Jahre 1609 wurden die Feindseligkeiten von Seite der Indier erneuert, und Powhatan entwarf einen Plan mit seinen Untergebenen, um die Colonisten mit einem Schlage zu vernichten. Glücklicherweise für die Colonisten, kam die edelmüthige Pokahontas zur Kenntniß dieses grausamen Planes ihres Vaters. Die Indier hatten beschlossen, die Colo= nisten, die keine Gefahr ahndeten, in der Nacht von allen Seiten zu überfallen, und alle zu ermorden. Es war eine finstere stürmische Nacht. Nun entwich die heldenmüthige Pokahontas heimlich auf dem Lager ihres Vaters, eilte ganz allein nach Jamestown, und entdeckte seinen unmenschlichen Plan den Colonisten. Diese rüsteten sich in aller Eile zur Gegenwehr, und als die Wilden kamen und die tapferen Engländer zur Gegenwehr gerüstet fanden, zogen sie sich eilends in ihre Wälder zurück.

Dieses merkwürdige indische Mädchen Pokahontas blieb nun in Jamestown, und wurde bald darauf das Weib eines der Vornehmsten in der Colonie, Namens Rolfe. Diese Heirath wurde mit dem größten Pompe gefeiert, da sie die erste Heirath eines Europäers in Nord= Amerika war. Einige Jahre darauf ging sie mit ihrem Manne nach England, bekehrte sich zur christlichen Religion, und wurde in der anglikanischen Kirche getauft. Sie kam wieder nach Virginien zurück, und starb bald darauf. Ihre Nachkömmlinge gehören nun zu den an= gesehensten Familien dieses Staates.

Der Befehlshaber der Colonie, der bald bemerkte, wie sehr die Indier damit zufrieden waren, daß ein Engländer eine Indierinn heirathete, wünschte, daß mehrere Colonisten der= gleichen Heirathen eingehen möchten. Auch die Indier kamen, nachdem der Friede zwischen ihnen und den Colonisten wieder hergestellt wurde, mit ihren Töchtern, und trugen sie ihnen, ohne Ceremonien, zu Gemahlinnen an; allein kein Einziger wollte eine Indierinn heirathen, wodurch sich die Indier sehr gekränkt fühlten, und auf den natürlichen Schluß kamen, daß diese Fremdlinge sie verachten und hassen.

Im Jahre 1620 wurde die zweite englische Colonie in Nord=Amerika gestiftet, und zwar im gegenwärtigen Staate Massachusetts. Als die Colonisten hier ankamen, schickten sie einige ihrer Gefährten an's Land, um einen guten Ort zur Anlegung einer Colonie zu finden. Sie waren nicht weit gegangen, als sie eine Horde von Wilden antrafen, die über ihren Anblick so erschracken, daß sie eilends davon flohen und den Colonisten nicht wieder zu Gesichte kamen. Sie fanden auch einige Körbe voll türkischen Weitzens, den sie mit sich nahmen, um ihn im nächsten Frühjahre zu säen. Nach langem Herumsuchen fanden sie endlich einen Ort, der ihnen zur Ansiedelung tauglich schien. Sie begannen nun den Bau einer Stadt, und nannten sie Plymouth.

Obwohl die Indier die neue Ansiedelung nie anfielen, lebten die Colonisten, die noch sehr schwach waren, doch in beständiger Furcht vor ihren wilden Nachbarn. Um sich von dieser unangenehmen Lage zu befreien, versuchten sie einen Freundschaftsbund mit den Indiern zu schließen, welcher im März 1621 zu Stande kam.

Die Veranlassung zur Schließung dieses Freundschaftsbundes gab Samoset, ein Häupt= ling der benachbarten Indier. Er kam eines Tages auf dem Innern des Landes fünf Tagreisen weit nach Plymouth, und rief den Colonisten in englischer Sprache zu: „Willkommen Englän= der! Willkommen Engländer"! Sie verwunderten sich ungemein, sowohl über die muntere Freundlichkeit des Wilden, als über seinen Gruß in englischer Sprache. Er erklärte ihnen nun, daß er einige Zeit mit englischen Fischern, die an diese Küste kamen, umgegangen sey, und etwas weniges von ihrer Sprache erlernt habe. Er erzählte ihnen, daß der Ort, wo sie sich angesiedelt haben, vormahls von den Indiern sehr stark bevölkert war, daß aber vor fünf Jahren eine so wüthende Pest unter sie kam, daß nicht ein einziges Individuum, weder Mann, noch Weib, noch Kind von den Bewohnern dieses Ortes übrig blieb.

Die Colonisten behandelten diesen so friedlich gesinnten Indier mit aller möglichen Auf= merksamkeit, und suchten ihn durch ihre gute Behandlung noch mehr für sich zu gewinnen. Sie verfehlten ihren Plan nicht. Er kam nun öfters in die Colonie, und brachte einmahl auch den Hauptanführer oder König Masassoit mit sich. Jedoch wagte es dieser nicht sogleich in den Wohnort der Colonisten zu kommen, sondern hielt sich mit einer Leibgarde von 60 auserlese= nen Indiern in einiger Entfernung. Die Engländer trauten auch noch nicht dem Wilden. Gegenseitiges Mißtrauen hielt sie einige Zeit von einander entfernt. Endlich sandten die Co= lonisten einen freundlich gesinnten Indier zu Masassoit, um ihn ihrer Freundschaft zu ver= sichern. Masassoit sandte ihn zurück, und verlangte einen Engländer auf der Colonie. Die Colonisten sandten nun einen der Vornehmsten auf ihrer Mitte mit angemessenen Geschenken für Masassoit. Dieser nahm die Geschenke freundschaftlich an, übergab den Engländer seiner Leibgarde in Verwahrung, und begab sich in den Wohnort der Colonisten. Er wurde auf das ehrenvollste und freundschaftlichste behandelt, und ein Freundschaftsbund kam zu Stande, der mehr als 50 Jahre ununterbrochen dauerte.

Nicht so glücklich, von Seite der Indier, war die Colonie von Jamestown in Virginien. Die Zahl der Colonisten nahm immer zu, und sie verbreiteten sich immer weiter über das Land. Sie glaubten sich in voller Sicherheit, da ihre Zahl schon so bedeutend war, sie achteten gar nicht auf die Bewegungen der Indier, und ahndeten keine Gefahr. Obwohl sie von einem

Volke umgeben waren, welches sie auf Erfahrung für hinterlistig und rachsüchtig erkennen mußten, vernachlässigten sie doch alles, was Klugheit und Vorsichtigkeit ihnen in ihrer Lage vorschreiben mußte. Die Indier, deren sie sich als Jäger bedienten, wurden mit Feuergewehren versehen, und erlangten bald einen bedeutenden Grad der Geschicklichkeit im Gebrauche derselben. Die Colonisten dachten an keine Gefahr mehr von Seite der Indier, welche sie als ihre Freunde und Gefährten betrachteten. Sie hatten volle Freiheit, zu jeder Stunde in die Wohnungen der Colonisten zu kommen. Dieses setzte die hinterlistigen Indier in den Stand, einen Vernichtungsplan zu entwerfen, welcher ihrem Character ganz angemessen war.

Unglücklicher Weise für die Colonisten fehlte es den Indiern auch nicht an einem Anführer, der einen meuchelmörderischen Vernichtungsplan mit bewunderungswürdiger List und Geschicklichkeit zu leiten wußte. Dieser Anführer war Opechankanow, der Nachfolger des feindseligen Powhatan, der im Jahre 1618 starb. Opechankanow hatte alle Eigenschaften, die ihn zu einem berüchtigten Anführer der Wilden fähig machten. Er besaß einen unerschrockenen Muth, eine riesenmäßige Stärke und Gewandtheit des Leibes, und eine bewunderungswürdige Vorsichtigkeit und Klugheit. Ueberdies war er ein Mann, der auf einem mehr civilisirten indischen Stamme auf Süden herüber kam, wahrscheinlich auf dem Kaiserthume Mexiko. Er hatte ein solches Ansehen unter den Indiern von Virginien, daß sich alle die verschiedenen indischen Stämme dieses Staates ohne Widerrede seinem unbedingten Befehle unterwarfen. Daher nennen ihn die gleichzeitigen englischen Geschichtschreiber den Kaiser der Indier.

Sobald Opechankanow zum obersten Befehle über die Indier von Virginien gekommen war, beschloß er, alle englischen Colonisten in diesem Staate mit einem Schlage zu vernichten, denn sie standen seiner Herrschsucht und seinem Ehrgeize nicht wenig im Wege. Während vier Jahren wurden die Mittel zur bessern Ausführung dieses Mordplanes vorbereitet, und zwar mit so bewunderungswürdiger Vorsicht und Verschwiegenheit, daß die Colonisten nicht die geringste Ahndung davon hatten. Alle indischen Stämme, die in der Nachbarschaft der Colonisten lebten, wurden nach und nach für den meuchelmörderischen Plan gewonnen, ausgenommen einige Stämme an der Meeresküste, die den Engländern treu ergeben waren. Bewunderungswürdig ist es, daß die Vorbereitungen zur Ausführung dieses Planes mit solcher Verschwiegenheit und Vorsicht gemacht wurden, daß während aller vier Jahre kein einziges Individuum dieser friedlich gesinnten Stämme die geringste Kenntniß davon erhielt.

Jedem Stamme wurde sein eigener Ort bestimmt, an welchem er zu wirken haben wird; denn die Colonisten, wie oben erwähnt wurde, verbreiteten sich bereits weit über das Land, und hatten schon viele Dörfer und kleine Städte.

Der 22. März 1622 wurde zur Ausführung dieses barbarischen Planes bestimmt. Am Morgen dieses Tages begab sich jeder Stamm an den Ort seiner Bestimmung. Die Colonisten ahndeten so wenig die nahe Vernichtung, die man ihnen vorbereitete, daß sie alle Indier, die sie am Morgen dieses unglücklichen Tages besuchten, um ihre Lage zu beobachten, mit ihrer gewöhnlichen Freundlichkeit empfingen. Der Mittag war der zur Aufführung des grausamen Mordplanes bestimmte Augenblick. Die Indier haben zwar keine Uhren, allein sie wissen nach der Höhe der Sonne mit vieler Genauigkeit, wann es Mittag ist. Mit jener Ungeduld, die die Leidenschaft, welchen Namen sie immer haben mag, in ihren Sclaven erregt, wenn der Augenblick ihrer Befriedigung schon nahe ist, beobachteten die mordsüchtigen Wilden an diesem Tage den Lauf der Sonne, und als sie die Mittagshöhe erreicht hatte, stürzten sie plötzlich von allen Seiten auf die wehrlosen Opfer ihrer Mordlust, und tödteten ohne Unterschied alle Engländer, die sie finden konnten. Mehrere kleine Dörfer der Colonisten wurden so gänzlich ausgerottet, daß kein einziges Individuum darin am Leben blieb. Drei hundert sieben und vierzig Männer, Weiber und Kinder wurden beinahe in einem Augenblicke ermordet.

Die Vernichtung der Colonisten wäre allgemein gewesen, wie sie beabsichtiget wurde, hätte nicht ein zur anglikanischen Kirche bekehrter Indier, der den Abend vorher zur Kenntniß des Mordplanes gekommen war, ihn einem Engländer entdeckt, wodurch Jamestown und einige benachbarte Dörfer gerettet wurden; denn die Colonisten empfingen da die Mörder mit gewaffneter Hand, und die Indier, die eine bewunderungswürdige Verschwiegenheit und Hinterlist in der Vorbereitung ihres Planes gezeigt hatten, zeigten nicht eben so viel Muth bei der Aufführung desselben, sondern flohen davon, sobald sie entschlossene Gegenwehr fanden.

Die noch übriggebliebenen Colonisten flüchteten sich nun alle nach Jamestown, und dachten an nichts, als an Rache an ihren Feinden. Die Geschichte bezeuget, daß sie die Beispiele der Treulosigkeit, Rachsucht und Mordlust, die ihnen die Wilden gezeigt hatten, treu nachgeahmt, und sie wohl auch übertroffen haben. Sie beschloßen nun ihrerseits, die Indier von Virginien wo möglich ganz auszurotten. Sie machten förmliche Jagd auf sie, wie auf wilde Thiere, und als sie sich endlich ganz in die Wälder zurückzogen, wo sie die Engländer nicht ferners verfolgen konnten, gebrauchten sie alle mögliche List, um sie herbei zu locken. Sie versprachen ihnen Freundschaft und Vergessung des Geschehenen, und sprachen mit solchem heuchlerischen Anscheine von Aufrichtigkeit, daß die Indier alle Furcht ablegten, und in ihre Wohnörter wieder zurückkehrten.

Nun thaten die Engländer das nämliche, was die Wilden vorher gethan hatten. Als diese in der größten Sicherheit lebten, da sie sahen, daß die Engländer noch freundlicher mit ihnen umgingen als vorher, fielen sie die Engländer auf einmahl von allen Seiten an, und mordeten ohne Unterschied alles, was sie erreichen konnten. Nur wenige Indier entflohen in die Wälder, wo wieder die meisten verhungerten, so daß einige Stämme der Indier gänzlich ausgerottet wurden.

Im Jahre 1635 wurde wieder eine neue englische Niederlassung im gegenwärtigen Staate Connecticut gegründet.

Die Wilden in ihrer Nachbarschaft fingen bald an, die neue Colonie anzufeinden und begingen viele Grausamkeiten an einzelnen Colonisten. So überfielen sie einmahl zwölf Engländer, die sich von der Colonie etwas entfernt hatten und tödteten drei, die übrigen entflohen. Ein andersmahl überfielen sie eine Schaar dieser Colonisten, als sie auf ihre Feldarbeit gingen, und tödteten sechs Männer und drei Weiber, nahmen zwei Mädchen gefangen, und raubten 20 Stück Hornvieh. Zwei Jahre nach der Gründung der Colonie (1637) beschloßen die Wilden, unter Anführung ihres Oberhauptes Saffakos, die schnell zunehmende Colonie gänzlich zu Grunde zu richten. Sie versammelten sich in einem Lager von siebenzig Hütten, welche sie mit mehreren Reihen von Palisaden umgaben, und eine Art Festung bildeten. Die Colonisten rüsteten sich zur Gegenwehr, und obwohl sie nur 90 Mann an der Zahl waren, und 70 friedliche Indier auf ihrer Seite hatten, beschloßen sie, ihrem Feinde zuvor zu kommen, und ihn in seiner Festung anzufallen. Am 26. Mai 1637 in der Nacht näherten sich die Engländer, unter Anführung des Capitäns Mason, in größter Stille der indischen Festung, und wollten die Indier unvermuthet überfallen; allein ein Hund fing an so heftig zu bellen, daß die Indier in der Festung erschrocken auffuhren und zu schreien anfingen :"Owanoss! Owanoss! Engländer! Engländer"! In einem Augenblicke waren alle Indier unter Waffen, und vertheidigten ihre Festung so männlich, daß die Engländer nichts gegen sie ausrichten konnten, und selbst in Gefahr kamen, von der weit größern Anzahl der Indier gänzlich aufgerieben zu werden. In diesem Augenblicke der Gefahr entdeckten die Engländer eine Oeffnung durch die Palisaden. Sie stürzten nun in die Festung, ergriffen Feuerbrände, und legten die indischen Hütten in Brand. Ein heftiger Wind verbreitete die Flamme schnell nach allen Seiten. Eine schauderliche Scene begann. Siebenzig indische Hütten, in welchen sich die Weiber und Kinder der Indier während des Sturmes verborgen hielten, standen in vollen Flammen, und alle ihre unglücklichen Bewohner wurden Oper der Flammen. Jene, die sich auf ihren Hütten flüchten wollten, wurden von den Engländern, die in diesem Falle die Wilden an Unmenschlichkeit übertrafen, ohne Unterschied niedergemetzelt, so wie auch der größte Theil der Männer, die durch den Anblick dieser grauenvollen Scene, und durch das gräßliche Schreien und Wimmern ihrer brennenden Weiber und Kinder ganz auf der Fassung kamen, nur wenige waren so glücklich zu entfliehen.

Die Engländer erhielten nun Verstärkung, und setzten den Entflohenen nach. Als sie sie eingeholt hatten, fing ein hartnäckiges Gefecht an. Die Indier, deren Wuth auf den höchsten Grad gestiegen war, vertheidigten sich wüthend; allein da sie keine schicklichen Waffen hatten, konnten sie gegen die regulären Truppen der Colonisten nichts ausrichten, und wurden so sehr zu Grunde gerichtet, daß von ihrem ganzen zahlreichen Stamme nur noch etwa 200 Individuen übrig blieben, die sich den Engländern ergaben, und um Frieden bathen. Die Engländer vertheilten darauf diese 200 Indier unter andere friedlich gesinnte Stämme.

Nach diesem blutigen Auftritte hatten die Colonien lange Zeit Ruhe von Seite ihrer wilden Nachbarn. Um noch sicherer zu seyn, vereinigten sich alle in Nord-Amerika bereits gegründeten Colonien in einem Bund. Drei Jahre arbeiteten die Häuptlinge der Colonien, um diesen Bund zu Stande zu bringen. Endlich gelang es ihnen, sich zu vereinigen, und die Bundesacte wurde am 19. Mai 1643 unterzeichnet. Vermöge dieser Acte verbanden sich die Colonien, sich gegenseitig mit Truppen, Waffen und Lebensmitteln zu unterstützen, sollten die Indier irgend einen Ort im Bereiche der verbündeten Colonien angreifen.

Als die Indier zur Kenntniß dieser Verbündung aller Colonien kamen, sahen sie ein, daß sie nun nicht mehr viel gegen die Engländer werden vermögen können, und verschiedene indische Häuptlinge kamen zu den Colonisten, und schloßen Freundschaftsbündnisse mit ihnen.

Die Ruhe und Sicherheit, die sich die Colonisten mittelst dieses Bundes verschafft hatten, dauerte mehr als 30 Jahre ununterbrochen fort. Die Indier hörten zwar nie auf, sie zu hassen, und ihre gänzliche Ausrottung zu wünschen; allein sie fühlten sich zu schwach, sie anzugreifen, denn sie sahen, daß sie selbst gegen einzelne Colonien nichts vermochten, und noch weniger konnten sie jetzt irgend einen guten Erfolg ihrer feindlichen Anfälle hoffen, nachdem sich die Colonien zu gegenseitigen Hülfsleistungen gegen die Indier verbündet hatten.

Sie sahen mit dem höchsten Mißvergnügen, wie sich die Engländer immer mehr ausbreiteten und verstärkten, und die Indier in das Innere des Landes zurückdrängten. Sie sahen, wie ihre Jagd und Fischerei, ihre Hauptnahrungszweige, durch die so schnell zunehmende Bevölkerung des Landes sich immer mehr verminderte und beschwerlicher wurde. Sie sahen, wie ihre natürliche Freiheit, an die sie immerher gewohnt waren, durch die Umgebung und Nachbarschaft dieser Fremdlinge immer mehr beschränkt wurde. Und das Aergste war, daß sie auf den natürlichen Schluß kamen, daß ihre Lage je länger je schlimmer werden wird. Dieses alles war sehr demüthigend und unerträglich für die stolzen Abkömmlinge der ursprünglichen Herrn des Landes.

Da jeder der einzelnen Stämme zu schwach war, die Colonisten zu bekriegen, vereinigten sie sich, nach dem Beispiele der Colonisten, mit einander, um mit vereinter Kraft den gemeinschaftlichen Feind zu vernichten, denn darauf waren ihre Absichten gerichtet. Im Jahre 1675 kam diese Vereinigung der indischen Stämme gegen die englischen Colonien zu Stande.

Der vorzüglichste Beförderer dieser Vereinigung war ein angesehener indischer Oberhäuptling, Enkel und Nachfolger des oben erwähnten Masassoit. Sein indischer Name ist nicht bekannt. Die Engländer nannten ihn König Philipp. Er war ein Mann von großen natürlichen Anlagen, und ganz geeignet zu einem Hauptanführer der Wilden. Er besaß eine außerordentliche Schlauheit und Vorsichtigkeit, und eine bewunderungswürdige natürliche Beredsamkeit.

Nachdem er lange Zeit hindurch die Gemüther der Indier in beständiger Erbitterung gegen die Engländer unterhalten, und nach und nach beinahe alle an die Colonien gränzenden Stämme für seinen Bund gewonnen hatte, fand er bald eine Veranlassung zu offenbaren Feindseligkeiten gegen die Colonisten, denn er führte sie selbst herbei. Er befahl nämlich dreien seiner Untergebenen, einen Engländer, der sie zu besuchen pflegte, zu ermorden. Diese drei

Mörder geriethen bald darauf in die Hände der Colonisten, und wurden hingerichtet. Nun entflammte der boshafte Wilde seine Untergebenen zur unversöhnlichen Rache und Feindschaft gegen die Engländer.

Der erste Ausbruch ihrer Feindseligkeiten geschah am 24. Juni 1675. Die Indier begegneten an einem Sonntage einer großen Anzahl der Colonisten von Plymouth, die aus der Kirche nach Hause gingen. Sie überfielen sie und tödteten neun Personen, die übrigen retteten sich durch die Flucht.

Nun vereinigten sich eilends alle waffenfähigen Männer der Colonien, und am 28. desselben Monats rückten sie gegen König Philipp zu Felde, unter Anführung des Capitäns Hutshinson. Die Indier, die noch nicht bereitet waren, einer so großen Menge ihrer Feinde zu widerstehen, zogen sich zurück, und bezeichneten ihren Rückzug auf eine ihrer würdige Art, indem sie alle Häuser der Engländer, die sie auf ihrem Rückzuge fanden, verbrannten, und die wehrlosen Einwohner grausam ermordeten.

Am 17. Juli erhielten die Engländer die Nachricht, daß sich Philipp mit seinen Kriegern in dem großen sumpfigen Walde Pokasset aufhalte. Die Engländer eilten sogleich an den Ort, und griffen mit vieler Heftigkeit den Feind an. Die Indier zogen sich in das Innere des Sumpfes zurück, und tödteten sehr viele der sie verfolgenden Engländer, denn die regulären Truppen konnten in einem sumpfigen Walde nicht viel ausrichten, da hingegen die flinken Indier kein besseres Schlachtfeld finden konnten. Nachdem die Engländer den ganzen Tag fruchtlos, selbst mit großem Verluste die Indier in diesem sumpfigen Walde herumgefangen hatten, zogen sie sich gegen Abend zurück.

Da sie sahen, daß es ihnen unmöglich sey, die Wilden in diesem Sumpfe zu überwinden, beschloßen sie, sie zu umzingeln und auszuhungern. Der schlaue König Philipp entdeckte jedoch bald den Plan der englischen Truppen, und entfloh mit seinen Kriegern schleunigst auf der Falle. Er zog nun nach dem gegenwärtigen Staate Massachusetts, wo sich noch ein anderer mächtiger Volksstamm der Indier zu ihm gesellte.

Der englische Anführer schickte nun eine Gesandtschaft an Se. wilde Majestät, um Friedensunterhandlungen anzufangen. Allein die Gesandten wurden auf eine ihrer Gegner würdige Art empfangen, nämlich mit einem Pfeilregen. Acht wurden getödtet, acht andere tödtlich verwundet, die übrigen Wenigen entflohen. Allein die Wilden waren damit nicht zufrieden, sondern wollten die ganze Gesandtschaft vertilgen. Sie verfolgten daher die Entflohenen; diese waren jedoch glücklich sich in ein nahe gelegenes englisches Dorf zu flüchten. Die erschrockenen Bewohner des Dorfes liefen schnell in ein großes festes Haus, welches sie sorgfältig verschloßen. Die Wilden kamen nun in das Dorf und verheerten ohne Widerstand das ganze Dorf. Der einzige schwache Widerstand, der ihnen geleistet werden konnte, war auf den Fenstern des Hauses, in welchem die Colonisten verschlossen waren. Die Wilden thaten alles Mögliche, um auch dieses letzte Haus zu verbrennen; allein sie wagten es nicht, dem Hause zu nahe zu kommen. Sie warfen Feuerbrände auf das Dach des Hauses, und schoßen beständig feurige Pfeile auf das Haus. Zwei Tage und Nächte bestrebten sie sich vergebens, das Haus in Brand zu stecken. Endlich führten sie einen Wagen, den sie im Dorfe fanden, herbei, füllten ihn mit allerlei brennbarem Stoffe, zündeten ihn an und schoben ihn mit mehreren aneinander gebundenen Stangen knapp an das Haus. Nun fing das Haus an zu brennen. Ein kläglches Geschrei erhob sich im Hause, und die Wilden standen ums Haus herum mit gespannten Bogen, bereit, jeden zu durchbohren, der sich heraus wagen würde.

In dieser schaudervollen Stunde der höchsten Gefahr, wo keine menschliche Hülfe zu finden war, kam den bedrängten Colonisten die Vorsehung zu Hülfe. Es ergoß sich ein so starker Regen, daß das Feuer in kurzer Zeit gelöscht wurde.

Die Wilden gaben ihre mörderische Hoffnung, die in dem Hause verschlossenen Colonisten zu vernichten, noch nicht auf. Allein nun kam eine Compagnie englischer Soldaten den Bedrängten zu Hülfe; sie tödteten eine Menge der Wilden und jagten die übrigen in die Flucht.

Im Monate September wurden mehrere Dörfer der Colonisten im gegenwärtigen Staate Conecticut von den Indiern verheert und verbrannt, und viele ihrer Bewohner getödtet. Am 18. September begleitete Capitän Lathrop mit 80 Mann einen Transport von mehreren Fuhren mit Getreide für die Bewohner der verwüsteten Dörfer. Auf ihrem Rückwege wurden sie plötzlich von ungefähr 800 Indiern überfallen, welche 70 von ihnen tödteten, und hätten wohl auch alle getödtet, wäre nicht Capitän Mosely, der mit einem Corps von Engländern in der Nähe war, herbei geeilt, als er die Musketenschüße der angegriffenen Colonisten hörte. Die Anzahl seiner Soldaten war nicht groß, allein sie fochten so tapfer, daß sie die Indier bald in die Flucht jagten, nachdem sie 96 derselben getödtet und 40 verwundet hatten.

Im October erhielten die Krieger des Königs Philipp eine bedeutende Verstärkung, indem sich noch ein anderer Stamm zu ihnen gesellte. Philipp sandte nun 300 seiner Krieger nach Springfield, einer der bedeutendsten Städte der Colonisten, um sie zu verbrennen. In einer finstern Nacht schlichen sie sich mit Feuerbränden in die Stadt, und legten an mehreren Orten Feuer an. Sie wurden jedoch bald entdeckt; die Engländer griffen zu den Waffen, und in der nämlichen Nacht kamen einige englische Truppen in die Stadt, die ihnen Hülfe leisteten, und die Stadt vor dem gänzlichen Untergange bewahrten. Zwei und dreißig Häuser wurden jedoch Opfer der Flammen, ehe das Feuer gelöscht werden konnte.

Nun zog König Philipp mit seinen wilden Schaaren von Ort zu Ort, und sie mordeten und sengten, wo sie konnten. In kurzer Zeit hatten sie neun Städte der Colonisten überfallen, sie geplündert und zum Theile verbrannt, und eine große Anzahl der wehrlosen Einwohner getödtet.

Es ist wahr, daß die Indier mit barbarischer Wuth gegen die Engländer verfuhren, allein es ist auch wahr, daß die Engländer sie durch Handlungen, die für die Indier die höchste Beleidigung sind, in ihrer Wuth unterhielten. So z. B. hörten einmahl einige Engländer, daß die indischen Kinder instinctmäßig schwimmen können. Um sich davon zu überzeugen, warfen sie einen Kahn um, in welchem das Weib eines indischen Oberhäuptlings mit einem ihrer Kinder einen Fluß überfahren wollte. Beide retteten sich zwar, allein das Kind starb bald darauf, und der Oberhäuptling entbrannte vor Wuth und Rachsucht gegen die Colonisten, und entflammte mit der nämlichen höllischen Flamme auch seine Untergebenen.

Die Engländer beschloßen nun, ihrem lästigen Feinde einen entscheidenden Schlag zu versetzen. Am 19. December 1675 rückte Winslow, Gouverneur von Plymouth in Virginien, mit 1800 Mann regulären Truppen und 160 Indiern, die sich in ihren Dienst begeben hatten, gegen die viel stärkere Macht des Königs Philipp, der in einer nahe gelegenen indischen Festung gelagert war. Diese Festung stand auf einem Hügel mitten in einem Sumpfe, und bestand auf einer doppelten Umfassung. Die äußere Umfassung bildete eine Hecke von Dornen und Baumästen, die ungefähr 16 Schuh breit und sehr hoch war, die innere Umfassung bestand auf hohen und dichten Palisaden. Die Wilden, die sich soviel Mühe gegeben hatten, diese Festung zu machen, waren unvorsichtig genug, eine bedeutende und sichtliche Oeffnung in der Umzäumung zu lassen. Die Engländer entdeckten bald die Oeffnung, und stürzten mit Ungestüm in die Festung. Ein blutiger Kampf begann, allein da die Engländer nicht alle auf einmahl in die Festung kommen konnten, wurden die ersten, die eindrangen, bald niedergehauen, und die übrigen fingen schon an, sich zurückzuziehen, als plötzlich einige Engländer, die auf der entgegengesetzten Seite Mittel gefunden hatten, in die Festung zu kommen, den Indiern in den Rücken fielen. Nun kamen alle englischen Soldaten in die Festung, und ein allgemeines grausames Morden begann. Zu gleicher Zeit legten die Engländer Feuer an die indischen Hütten in der Festung, und wiederhohlten die nämliche gräßliche Handlung hier im Staate Virginien, die sie im Jahre 1637 im Staate Connecticut vollbracht hatten; mit dem Unterschiede, daß die gegenwärtige Scene noch viel schaudervoller war. Sechshundert indische Hütten standen nun in Flammen. Das klägliche Geschrei der unglücklichen Weiber und Kinder, Kranken und Greise, die unter den Ruinen der Hütten brannten, vermischt mit dem Stöhnen der verwundeten und sterbenden Krieger bildete die traurigste Scene, die uns die Geschichte dieses Volkes aufbewahrt hat. Es ist traurig, dergleichen barbarische Handlungen, als von einer chivilisirten Nation ausgeübt, erwähnen zu müssen.

Die Zahl der Indier in der Festung war ungefähr 4000. Von diesen wurden 700 Krieger getödtet und 300 verwundet, die bald darauf starben; 300 wurden gefangen genommen und eben so viele Weiber und Kinder. Wie viele von dem Feuer verzehrt wurden, weiß man nicht. Die Uebrigen, die so glücklich waren, mit dem Leben auf der Festung zu kommen, suchten ihr Heil in der Flucht. Unter diesen war auch König Philipp. Die Engländer verloren nur 90 Mann an Getödteten und tödtlich Verwundeten; 150 wurden leicht verwundet und genasen.

Diese Niederlage der Indier war entscheidend. Sie hörten zwar noch nicht ganz auf, Feindseligkeiten gegen die Colonien auszuüben, allein sie konnten nichts bedeutendes mehr ge=

gen sie aufrichten; nicht als wären sie ganz oder auch nur zum größten Theile aufgerieben worden, sondern weil sie nun den Muth und die Tapferkeit, und die überlegene Kriegskunst der Engländer erkannten und fürchteten, und daher verzweifelten, sie je überwinden und auf dem Lande verjagen zu können, zumahl da sie sahen, wie sie sich fortwährend durch Einwanderungen vermehrten und verstärkten.

Da sich nun die Indier nicht getrauten, ihren Feind offen zu bekriegen, überfielen sie oft unvermuthet wehrlose Dörfer und kleine Städte der Colonisten, und übten ungeheure Grausamkeiten aus. Den ganzen Winter 1675 und 76 mordeten, sengten und raubten sie, wo sie nur konnten. Zwölf Städte und Dörfer der Colonisten wurden diesen Winter hindurch von den Wilden angefallen, und einige zum Theile, andere gänzlich verwüstet und zerstört, und der größte Theil der Einwohner grausam ermordet.

Im Frühlinge 1676 wurde der englische Capitän Pierce mit 50 Engländern und 20 Indiern, die in ihren Diensten waren, unvermuthet von den Indiern überfallen, und alle 50 Engländer und der größte Theil der Indier wurden getödtet, nur einige Indier entflohen. Im April desselben Jahres wurde Capitän Wadsworth mit 50 Mann auf dem Marsche von den Indiern plötzlich umzingelt, und alle wurden entweder auf der Stelle getödtet, oder zu langen und grausamen Martern bei langsamen Kohlenfeuer aufbehalten.

Im Winter und Frühlinge hatten die Indier guten Erfolg, und belästigten nicht wenig die Colonisten. Allein im Sommer wurde diesem grausamen indischen Kriege ein Ende gemacht durch den Tod des rachsüchtigen und aufrührerischen Königs Philipp. Um seine geschwächte Kriegsmacht zu verstärken, suchte dieser Bösewicht durch ein grausames Mittel einen mächtigen, bisher friedlichen indischen Volksstamm gegen die Engländer aufzuhetzen, und für sich zu gewinnen. Er tödtete nämlich in Geheim mehrere Indier dieses Stammes, und schob die Schuld dieser Mordthaten auf die Engländer. Seine Bosheit wurde jedoch bald entdeckt, und er war genöthiget, mit seinen Indiern, die ihm noch anhingen, zu entfliehen.

Sobald die Engländer erfuhren, wo er sich aufhielt, rückte ein Corps auserlesener Soldaten gegen ihn, um, wo möglich seinem Leben und seinen Missethaten ein Ende zu machen. Philipp war nach der Gewohnheit der indischen Krieger mit seinen Indiern in einem Sumpfe verborgen. Die Engländer kamen in der Nacht an den Sumpf, und wollten nicht weiter vorrücken, sondern umzingelten den Sumpf und warteten auf den Anbruch des Tages. Philipp entdeckte bald die Gefahr, in der er sich befand, und ohne sich lange zu besinnen, rannte er auf allen Kräften gegen einen Ort, wo er Niemanden bemerkte. Allein ein Engländer und ein Indier hielten sich dort verborgen, und als er nahe kam, drückte zuerst der Engländer los, allein seine Muskete versagte, darauf feuerte der Indier, und schoß den König Philipp gerade durch das Herz.

Als die Wilden ihren König und Anführer todt sahen, ergriffen sie alle schleunigst die Flucht. Der Anführer des englischen Corps gab nun seinen Indiern den Befehl, (der sich besser für den König Philipp geschickt hätte, wenn er Sieger gewesen wäre, als für einen regulären Officier,) den Leichnam des gefallenen indischen Anführers zu enthaupten und zu viertheilen. Der Indier, der diesen Befehl erhielt, trat hervor, und redete den Leichnam so an: „Du warst ein sehr großer Mann, und hast so Manchen vor dir zittern gemacht, allein so groß du auch immer gewesen seyn magst, so werde ich dich doch jetzt in Stücke zerhauen".

So endete ein indischer Held, der eine außerordentliche Tapferkeit und seltene natürliche Anlagen zu einem großen Feldherrn besaß. Die Vortheile einer planmäßigen militärischen Erziehung und ein größerer Schauplatz seiner kriegerischen Thaten hätten seinen Namen in der Weltgeschichte berühmt gemacht.

In einigen Provinzen der Colonisten dauerten die Feindseligkeiten der Indier noch einige Zeit fort. Allein, da sie nun ihren Hauptanführer verloren hatten, und immer mehr einsahen, daß sie nichts gegen die reguläre und bedeutende Kriegsmacht der Colonisten aufrichten können, kamen sie von allen Seiten friedlich in die Städte der Colonisten, und schloßen Freundschaftsbündnisse mit ihnen.

Von dieser Zeit an fingen die nord-amerikanischen Indier an, ein in der Geschichte von Nord-Amerika ganz unbedeutendes Volk zu werden, von welchem man nach dieser Periode nur noch rücksichtlich ihrer sonderbaren Sitten und Gebräuche, eine Erwähnung in historischen und geographischen Werken findet.

Als späterhin die nord-amerikanischen englischen Colonien mit den Franzosen und noch später mit ihrem Mutterstaate Großbrittannien in Kriege verwickelt wurden, suchten beide kriegsführenden Nationen so viel als möglich Indier auf ihre Seite zu bringen, um ihre Truppen zu verstärken. Allein sie spielten so untergeordnete Rollen in diesen Kriegen, und waren immer mit regulären Truppen vermischt, unter Anführung regulärer Officiere, daß ihrer die vollständige Geschichte jener Kriege nur in so fern erwähnt, daß in dieser oder jener Schlacht so und so viele Indier mitgeholfen haben. Und die Ereignisse dieser Schlachten gehören nicht in die Geschichte der Indier, sondern in jene der nord-amerikanischen englischen Colonien, der Franzosen und Engländer.

Und was die Kriege zwischen den Indiern selbst anbelangt, so sind dieß eigentlich keine Kriege zu nennen, sondern gegenseitige räuberische und meuchelmörderische Anfälle, von denen die Geschichte nie eine systematische Notiz nehmen konnte, wie von den Kriegen civilisirter Völker; sondern alles, was man davon weiß, ist in einzelnen Erzählungen merkwürdiger Ereignisse unter den Indiern, die man historische Anecdoten nennen kann, enthalten, von denen man die merkwürdigsten in diesem Werkchen findet.

Seit dem Tode des Königs Philipp, dessen kriegerisches Genie und kraftvolle Beredsamkeit die Indier vereiniget zu erhalten wußte, hat man nie mehr ein Beispiel von einer stehenden Armee unter den Indiern von Nord-Amerika gesehen.

Ihre Art, Krieg zu führen, ist nun diese. Wenn ein Stamm mit einem andern benachbarten Stamme in Streitigkeiten kommt, welche gewöhnlich auf verübten Mordthaten, oder auf Eingriffen in die gegenseitigen Jagd-Reviere entstehen, so versammeln sich die Häuptlinge der verschiedenen Ortschaften und die waffenfähigen Männer des Stammes in irgend einem Orte, wo sie nebst verschiedenen Ceremonien und Kriegstänzen, (von welchen später Erwähnung geschehen wird,) auch eine Art von Kriegsrath halten, in welchem die Veranlassung der zu beginnenden Streitigkeiten auseinander gesetzt, und über die Art, wie sich die Krieger werden zu benehmen haben, Rath gehalten wird. Nach diesem kehrt jeder in seinen Wohnort zurück, und dann versammeln sich jene, die Lust haben, einige ihrer Feinde zu erlegen, in kleine Parthien von 10, 15 bis 20 Personen, ziehen gegen das Gebieth des feindlichen Stammes, und suchen, einzelne Personen und Familien oder kleine Parthien dieses Stammes zu überfallen und zu tödten. Sobald sie das gethan haben, ziehen sie sich in aller Schnelligkeit nach ihrer Heimath zurück, um nicht von einer stärkern Bande der feindlichen Indier überfallen und vernichtet zu werden. Können sie einen Indier des feindlichen Stammes gefangen nehmen, so führen sie ihn im Triumphe nach ihrem Wohnorte, wo sie ihn auf die unmenschlichste Weise peinigen, (wie späterhin gesagt werden wird).

Dieß ist ihre Art Krieg zu führen. In dergleichen Kriegen sind die verschiedenen indischen Volksstämme von Nord-Amerika sehr oft begriffen, und erfüllen das Land mit den Greueln ihrer Grausamkeit.

Eben dieses Jahr, da ich dieses schreibe, sind die Otschipwe-Indier, die westlich vom See Superior im Innern des Landes wohnen, mit den benachbarten Siu-Indiern in einem Kriege dieser Art begriffen. Die Veranlassung dazu gaben verschiedene Eingriffe der Siu-Indier in die Jagd-Districte der Otschipwe-Indier, wodurch diese letztern einen großen Verlust an kostbaren Biberpelzwerken erlitten haben.

Ehe ich diesen kurzen Umriß der Geschichte der nord-amerikanischen Indier beschließe, muß ich einige Bemerkungen über die auffallende Abnahme der Zahl dieser Indier machen.

Es ist eine befremdende, jedoch offenbare Thatsache, daß die Zahl der nord-amerikanischen Indier seit der Ansiedelung der Colonisten in diesem Lande, auffallend abgenommen hat, und noch immer alle Jahre abnimmt.

Zur Zeit, als die ersten europäischen Colonien zu Jamestown und Plymouth gegründet wurden, rechnete man die Zahl der Indier in Nord-Amerika auf ungefähr zwei Millionen; und jetzt betragen alle ihre noch übrig gebliebenen Volksstämme ungefähr 318000 Individuen. Viele Stämme sind seit jener Periode gänzlich erloschen, und einige sind schon so sehr zusammengeschmolzen, daß sie nur noch zu fünf oder sechs Hundert Individuen zählen.

Hier folgt eine Uebersicht der noch übrig gebliebenen indischen Stämme in Nord-Amerika sammt der Zahl ihrer Individuen nach einer sorgfältigen neuen Zählung.

Der Stamm d. Schlangen-Indier zählt 20000 Ind.

| | | | | | |
|---|---|---|---|---|---|
| " | " | " Tschoktaw=Indier | " | 20000 | " |
| " | " | " Crik=Indier | " | 20000 | " |
| " | " | " Tscheroki=Indier | " | 15000 | " |
| " | " | " Schwarzfuß=Indier | " | 15000 | " |
| " | " | " Otschipwe=Indier | " | 15000 | " |
| " | " | " Siu=Indier | " | 15000 | " |
| " | " | " Pauni=Indier | " | 12000 | " |
| " | " | " Assiniboy=Indier | " | 8000 | " |
| " | " | " Winibigo=Indier | " | 6800 | " |
| " | " | " Sack=Indier | " | 6800 | " |
| " | " | " Potewatani=Indier | " | 5500 | " |
| " | " | " Osagi=Indier | " | 5000 | " |
| " | " | " Kriß=Indier | " | 5000 | " |
| Der Stamm d. | | Krow=Indier | zählt | 4500 | Ind. |
| " | " | " Manomini=Indier | " | 4200 | " |
| " | " | " Otawa=Indier | " | 4000 | " |
| " | " | " Arripahas=Indier | " | 4000 | " |
| " | " | " Seminol=Indier | " | 4000 | " |
| " | " | " Tschikasaw=Indier | " | 3600 | " |
| " | " | " Algonkin=Indier | " | 3000 | " |
| Sechs und dreißig kleine Stämme | | | zählen | 41600 | " |
| Alle indischen Stämme im Westen von Nord=Amerika | | | zählen | 80000 | " |

Total=Summe ...      318000      „

In dem Maße, als die Bevölkerung der östlichen Küste von Nord=Amerika durch Einwanderung der Europäer zunahm, waren die Indier genöthigt, sich zu entfernen und in das Innere zurückzuziehen, und zwar ohne daß sie die Europäer gerade unmittelbar dazu gezwungen hätten, allein mittelbar nöthigten sie sie doch, sich in die Wälder zurückzuziehen, weil sie nicht anders zu leben gewohnt waren, und auch nicht anders leben wollten, als von der Jagd.

In vielen Gegenden von Nord=Amerika, die zur Zeit der Ankunft der ersten Colonisten eine zahlreiche indische Bevölkerung hatten, ist jetzt kein einziger Indier mehr zu finden. Dieß ist der Fall mit dem größten Theile der östlichen Küste von ganz Nord=Amerika. Die Regierung der Vereinigten Staaten arbeitet schon lange Zeit dahin, alle Indier auf dem ganzen Bereiche dieser Staaten zu entfernen.

Die Zahl der nord=amerikanischen Indier hat nicht nur in vergangenen Zeiten auffallend abgenommen, sondern es ist eine erwiesene Thatsache, daß sie noch jährlich bedeutend abnimmt. Allem Anscheine nach wird in einigen wenigen Jahrhunderten die Geschichte der nord=amerikanischen Indier die Geschichte eines Volkes seyn, welches nur noch in Geschicht= büchern existiren wird.

Die Ursachen dieser auffallenden Verminderung der indischen Bevölkerung in Nord= Amerika sind, meiner Ueberzeugung nach folgende.

Erstlich der große Unterschied zwischen dem Lande, welches sie vor der Einwanderung der Europäer bewohnten, und welches sie jetzt bewohnen. Vor der Ankunft der Europäer nach Nord=Amerika lebte der größte Theil der Indier im östlichen und südlichen Theile von Nord= Amerika, und nur wenige hielten sich im unwirthlichen Norden und Westen auf. Die südlichen und östlichen Gegenden von Nord=Amerika sind außerordentlich fruchtbar, und haben ein an= genehmes und gesundes Clima. Dieß vermochte natürlicher Weise die Indier, sich da aufzuhal= ten, und dieß beförderte auch ihren Wohlstand und ihre Zunahme. Ueberdieß hatten sie auch bei ihrer natürlichen Trägheit nie einen Mangel an Nahrung in diesen Gegenden. Das Land brachte ohne Bearbeitung mehrere Arten von eßbaren knolligen Wurzeln hervor, die Wälder und Gebüsche waren voll von schmackhaften Früchten und Beeren, und an den Ufern der Flü= ße fand man Trauben im Ueberfluße, die selbst im wilden Zustande zur vollkommenen Reife kamen, wie man es noch jetzt in jenen Provinzen sieht.

Ferners war das Wild in jenen natürlich fruchtbaren und zugleich auch mit starken Wäl= dern bedeckten Gegenden so zahlreich, daß der Indier sich ohne Mühe seinen Fleischvorrath entgegen verschaffen konnte; und zur Abwechslung fand er die schmackhaftesten Fische in seinen zahlreichen Flüssen.

Wenn man nun die elende Lage der gegenwärtigen Indier mit dem natürlichen Wohl= stande ihrer Vorfahren vergleicht, so kann man leicht einsehen, warum ihre Zahl so sehr abge= nommen hat und noch immer abnimmt. Jetzt sind die armen Indier, diese ursprünglichen Herrn des Landes, in die unwirthlichsten Gegenden von Nord=Amerika verdrängt, wo sie theils wegen ihrer natürlichen Trägheit und Unbehülflichkeit, theils wegen des schlechten Erd= reiches und ungünstigen Climas einen sehr armseligen Feldbau treiben, der ihnen kaum ein Paar Monate im Jahre Nahrung verschafft. Der einzige Stamm der Otawa=Indier treibt einen bedeutenden, und zum Lebensunterhalte hinreichenden Feldbau, denn diese Indier be= finden sich in einer günstigern natürlichen Lage, und sind auch die civilisirtesten Indier von Nord=Amerika. Unter allen nördlichen und nordwestlichen Indiern aber ist der Feldbau sehr unbedeutend.

Ueberdieß erzeugen die nördlichen Gegenden von Nord=Amerika fast gar keine natürlichen wilden Früchte, und die Jagd ist in diesen Gegenden viel beschwerlicher und doch bei weitem nicht so ergiebig, als sie es in den fruchtbaren östlichen und südlichen Theilen von Nord= Amerika war. Ich bin oft Augenzeuge von dem elenden Leben, welches die nördlichen Indier führen. Es ist nichts seltenes unter ihnen, drei, vier, bis zehn Tage ohne Nahrung zu seyn, wenn sie kein Wild erlegen können. In dergleichen Fällen der höchsten Hungersnoth verzehren sie sich oft unter einander, und essen auch manches, was ihnen ihre Gesundheit zu Grunde richtet. Sehr viele Indier gibt es auch höher im Norden, die im eigentlichen Sinne verhungern, wie mir Augenzeugen versichern. Offenbar ist also die bedauernswürdige Lage, in welcher sich die Indier befinden, eine Hauptursache ihrer fortwährenden Verminderung.

Eine andere Hauptursache ihrer Verminderung ist, meiner eigenen höchsttraurigen Ueberzeugung nach, die unglaubliche Menge von Branntwein, den die gottlosen Pelzhändler unter die Indier bringen, die dieses schädliche Getränk leidenschaftlich lieben und suchen, und zwar unter alle Indier, denn wo es ihrer immer gibt, kommen die Pelzhändler mit Branntwein zu ihnen, um ihr kostbares Pelzwerk zu erhaschen. Ehe die Europäer in ihr Land kamen, war ihnen dieses Gift völlig unbekannt, nun aber wird es ihnen unglückseliger Weise so häufig zugebracht, daß es Gegenden gibt, wo die Indier beinahe ununterbrochen berauscht sind. In diesem Zustande nun begehen sie unzählige Todtschläge, und gewöhnlich zieht ein Todtschlag unter den Wilden viele andere nach sich; denn sie haben den barbarischen Gebrauch unter sich, daß die Verwandten des Ermordeten dem Mörder so lange nach dem Leben streben, bis sie ihn ermorden, und seine Verwandten suchen wieder Rache an den Mördern des Mörders, u. s. w. Ueberdieß verlieren unzählige Indier ihr Leben in der Trunkenheit, indem sie ins Wasser oder ins Feuer fallen, oder sonst verunglücken. Und wenn auch nicht alle auf diese Art in der Trunkenheit ums Leben kommen, verkürzt ihnen doch offenbar ein so außerordentlicher Mißbrauch dieses schädlichen Getränkes ihre Lebensjahre; denn die Wilden sind nicht, wie die Trunkenbolde unter den civilisirten Völkern, die sich nur von Zeit zu Zeit, und gewöhnlich nur auf kurze Zeit berauschen, sondern die Wilden saufen so lange ununterbrochen fort, als sie Branntwein haben; und da sie oft ganze Eimer voll Branntwein auf einmal von den gewissenlosen Pelzhändlern eintauschen, saufen sie oft vier bis fünf Wochen Tag und Nacht fort, bis alles ausgeleert ist. Es ist sehr begreiflich, daß solche Ausschweifungen den festesten Körperbau bald zu Grunde richten müssen. Deßwegen findet man auch sehr wenige alte Personen unter den Indiern.

Jene Indier, die sich zur christlichen Religion bekehren, entsagen vollkommen der Trunkenheit, und beobachten eine bewunderungswürdige Enthaltsamkeit, die um so mehr bewunderungswürdiger ist, wenn man betrachtet, daß alle Indier, fast ohne Ausnahme, selbst die meisten Weiber, vor ihrer Bekehrung außerordentliche Trunkenbolde waren. Diese bekehrten Indier beschämen nicht wenig die Trunkenbolde unter den civilisirten Völkern, und strafen sie Lügen, da sich diese Letztern oft damit aufreden, daß es nicht möglich ist , dem Trunke vollkommen zu entsagen.

Wie viele heidnische Indier sah ich in ihren besten Jahren dahin sterben, die offenbar ihre unselige Leidenschaft der Trunkenheit ums Leben gebracht hat, denn sie starben in der Trunkenheit oder an den unmittelbaren Folgen derselben. Alle Kriege, die die Wilden dieses Landes vor der Ankunft der Europäer unter einander mögen geführt haben, konnten nie so Viele zu Grunde richten, als dieses unglückselige Gift ihrer vernichtet.

Die dritte Ursache ihrer Verminderung sind ohne Zweifel die häufigen Epidemien, die seit der Ankunft der Europäer unter ihnen ausbrachen, und unglaubliche Verheerungen anrichteten. Besonders haben die bösartigen Blattern eine große Menge der nordamerikanischen Indier ums Leben gebracht. Die Indier sind nicht gewohnt, sich viel zu hüthen und zu pflegen, wenn sie krank sind, sie verkühlen oder netzen sich, und verwandeln oft eine Krankheit, die einem civilisirten Menschen, der sich zu hüthen weiß, nicht gefährlich ist, in eine tödtliche Krankheit. Ich habe in Arbre croche, und auch schon hier, auf dem Munde alter Indier, die Augenzeugen von dem Ereignisse waren, oft gehört, daß vor vielen Jahren, deren Zahl sie nicht anzugeben wissen, eine so fürchterliche Blatternpest unter die Indier von Nord-Amerika kam, daß wohl die Hälfte der indischen Bevölkerung in vielen indischen Stämmen in wenigen Monaten daran starb. Sie bezeugen, daß man in jener Zeit oft ganze indische Dörfer fand, die rein ausgestorben waren. Diese Krankheiten, wie auch mehrere andere Krankheiten waren ursprünglich nicht unter den Indiern, sondern sind erst von den Europäern unter sie gebracht worden.

Dieß sind offenbar die Ursachen der anfallenden Verminderung der indischen Bevölkerung in Nord-Amerika. Und da diese Ursachen noch immer fortdauern, so ist es sehr natürlich, daß die Zahl der nord-amerikanischen Indier noch immer abnimmt.

# Character, Sitten und Gebräuche der nord-amerikanischen Indier.

## Erstes Hauptstück.

## Körperliche Beschaffenheit und Character der

## nord-amerikanischen Indier.

Die nordamerikanischen Indier sind im Durchschnitte von der nämlichen Leibesgröße als die Europäer. Die Indier der nördlichern Stämme sind gewöhnlich von kleiner Statur, wie überhaupt alle Völker in nördlichen Ländern. Die größten und stärksten unter den nord-amerikanischen Indiern sind die Osagi-Indier und die Siu-Indier, die im Gebiethe Missouri leben.

Die sind gut proportionirt in ihrer Leibesbeschaffenheit. Man findet sehr wenige Krüppel unter ihnen. Corpulenz ist unter ihnen so selten, daß man kaum von zwei oder drei corpulenten Indiern Beispiele hat. Unter den vielen Indiern, die mir bisher zu Gesichte kamen, habe ich noch nie einen corpulenten Mann gesehen, wohl aber schon ein Paar sehr corpulente Weiber.

Was die Gesichtsfarbe der nord-amerikanischen Indier anbelangt, so heißt es gewöhnlich, daß sie kupferfärbig sind. Ich finde jedoch diesen Ausdruck nicht ganz angemessen. Ihre Gesichtsfarbe ist die nämliche, als die der Italiener oder der Croaten. So wie es unter diesen einige gibt, die von der Sonne verbrannt, eine dunkelbraune Gesichtsfarbe haben, so gibt es auch unter den nord-amerikanischen Indiern einige, die die Farbe einer alten Kupfermünze haben; andere hingegen, besonders junge Indier beiderlei Geschlechtes sind so weiß als die Deutschen. Ihre neugebornen Kinder sind gewöhnlich sehr weiß. Die alten Indier sind wirklich kupferfärbig, allein dieß ist sehr leicht zu erklären, denn erstlich haben die Indier die Gewohnheit, ihr Gesicht oft mit Fett zu überstreichen, und dann sitzen sie in ihren Hütten um ihr Feuer in beständigem Rauche. Ueberdieß sind sie größtentheils in der freien Luft, und haben (ausgenommen im strengsten Winter) nie eine Kopfbedeckung, außer Federn, die sie sich in ihre langen Haare stecken.

Ihr Haar ist fast ohne Aufnahme schwarz, selbst an den neugebornen Kindern. Eine Aufnahme davon ist so selten, daß es eine große Merkwürdigkeit unter ihnen ist, wenn einer blondes Haar hat. Ich fand bisher nur erst einen einzigen Indier zu Arbre croche, der blondes Haar hatte. Ihr Haar ist dicht und steif, sie lassen es sehr lang wachsen, und einige flechten es rund um ihren Kopf herum in Zöpfe, wovon ihnen drei oder vier auch über das Gesicht herunter hängen. Im Alter lieben sie kahle Köpfe, daher raufen sich viele Jünglinge ihr ganzes Haar nach und nach mit der Wurzel auf, und lassen nur auf dem Scheitel einen kleinen

Schopf übrig. Ich beobachtete am großen Flusse, im Gebiethe Michigan, oft einen etwas er=wachsenen Schulknaben, der oft, wenn er sich unbemerkt glaubte, sein Haar aufraufte. Sein alter Vater, der selbst einen freiwillig kahlen Kopf hat, sagte mir einst, daß ein kahlköpfiger Greis unter ihnen für weiser gehalten, und mehr geachtet wird, als einer, der langes Haar hat. Wirklich haben diese Alten ein ehrwürdiges Aussehen, besonders wenn sie mit bedachtsa=mer Ernsthaftigkeit in einem Rathe um ein großes Feuer herum sitzen; allein die Aufraufung ihres Haares macht sie deßwegen nicht weiser.

Die Indier haben gewöhnlich eine niedere Stirn und einen ungemein großen Mund. Ih=re Augen sind wie ihre Haare fast ohne Aufnahme schwarz.

Einige europäischen Reisebeschreiber, die die Indier wohl nur im Vorbeigehen werden ge=sehen haben, berichteten, daß sie ein von Natur auf bartloses Volk sind. Allein dieß ist offenbar falsch. Sie haben so gut eine natürliche Anlage zu einem Barte, als alle europäischen Völker, allein sie kommen ihm zuvor, indem sie ihn in ihrer Jugend ausrotten, ehe er über Hand nimmt. Einige bedienen sich dazu bloß ihrer Nägel, andere haben eigens dazu gemachte kleine Zängelchen, mit welchen sie ihre Barthaare so rein mit der Wurzel aufraufen, daß sie nie wieder hervorkommen. Ehe die Europäer unter sie kamen, bedienten sie sich dazu kleiner Muscheln.

Die Hauptursache dieses Gebrauches unter den Indiern, sich den Bart aufzuraufen, ist diese, damit sie immer ein glattes Gesicht haben, um es bemahlen zu können, was sie ungemein lieben, (wie später gemeldet werden wird).

Der Gang der Indier ist sonderbar. Sie setzen immer in gerader Linie einen Fuß nach dem andern, ohne im Geringsten ihre Zähen auf dieser Linie zu wenden. Deßwegen unter=scheidet man sehr leicht die Spur eines Indiers von der eines Europäers. Die Fußsteige, die die Indier bilden, sind so schmal, daß ein Europäer nicht bequem darauf gehen kann.

Die Sinne der Indier sind ungemein scharf, besonders ist ihr Auge bewunderungswürdig. Ich hatte oft Gelegenheit, ihr scharfes Gesicht zu bewundern, wenn ich mit ihnen auf den Seen reisete. Oft erkannten sie, wenn wir noch weit vom Lande entfernt waren, Personen am Ufer, und nannten sie, wo ich, selbst mit Hülfe eines guten Augenglases nicht einmal wahr=nehmen konnte, daß Jemand am Ufer steht.

Sie haben nicht nur ein scharfes Gesicht, um entfernte Gegenstände zu unterscheiden, son=dern sie sehen und entdecken auch alles, fern und nahe, und bemerken sehr vieles, was dem we=niger geübten Auge des Europäers entgeht.

Eine merkwürdige hierher gehörige Anecdote berichtet ein Reisender. Ein Indier kam ei=nes Tages von der Jagd nach Hause, und bemerkte sogleich, daß einige Stücke seines Wild=pretes, welches er auf eine Stange aufgehängt hatte, gestohlen wurden. Er wünschte den Dieb entdecken zu können. Mit ein Paar Blicken sah er alles, was ihn zur Entdeckung des Diebes führen konnte. Er lief nun dem Diebe nach. In einer kleinen Entfernung begegnete er einigen

Indiern und fragte sie, ob sie nicht einem kleinen alten Europäer begegnet waren, der ein kurzes Gewehr mit sich hatte, und dem ein kleiner Hund mit einem kurzen Schweif nachlief? Sie bejahten ihm die Frage nebst allen diesen angegebenen Umständen, und fragten, ob er denn den Dieb gesehen habe? „Nein, ich habe ihn nicht gesehen, sagte er darauf, allein ich weiß, daß er ein kleiner Mann seyn muß, weil er einen großen Stein herbeigebracht hat, um darauf zu treten, indem er nicht anders das Fleisch erreichen konnte, welches er mir gestohlen hat; daß er ein alter Mann ist, sehe ich auf seiner Spur, die ich hier auf dem Laube bemerke, denn er machte sehr kurze Schritte; daß er kein Indier ist, sehe ich auf seinem Gange, denn er setzt seine Füße nicht in gerader Linien einen nach dem andern; daß sein Gewehr kurz ist, bemerkte ich an der Rinde des Baumes, an welchen er es anlehnte; daß sein Hund klein ist, sehe ich auf seiner Spur, und daß er einen kurzen Schweif hat, bemerkte ich auf dem Orte, wo der Hund im Sande saß, während sein Meister mit dem Diebstahle beschäftiget war." – Die Indier versicherten ihm nochmals, daß alles so ist, wie er es angegeben hat. Bald darauf hohlte er den Dieb ein, und nahm ihm seine Beute ab.

Sie erlangen diese bewunderungswürdige Schärfe und Genauigkeit ihres Gesichtes ohne Zweifel durch ihre ununterbrochene Uebung von Kindheit auf. Geboren und erzogen in den Wäldern, und größtentheils abhängig von der Jagd, gewöhnen sie sich von Jugend auf, immer um sich herum zu schauen, um irgend ein Gewild, oder die Spur eines Gewildes zu entdecken.

Die Indier besitzen eine außerordentliche Geschicklichkeit in der Entdeckung der geringsten Spur, sowohl eines Gewildes als eines Menschen. Auf dem Laube, auf dem kürzesten Grase, auf dem härtesten Boden, ja selbst auf Steinen entdecken sie Spuren. Und was noch bewunderungswürdiger ist, sie unterscheiden auf gewissen Merkmahlen der Spuren, von welchem Stamme die Indier sind, deren Spuren sie sehen; so wie auch ihre Zahl, und wie viele davon Männer, wie viele Weiber waren. Dieses scheint vielleicht den Europäern unglaublich; allein die Indier haben alles dieses durch so viele Beispiele practisch bewiesen, daß jene, die unter ihnen leben, davon hinlänglich überzeugt sind.

Die Indier sind im Allgemeinen nicht sehr stark, wohl aber außerordentlich flink und behende; und können unglaublich viel Beschwerden auf ihren Reisen aushalten, ohne sie viel zu empfinden, unter welchen beinahe jeder Europäer erliegen müßte. Sie sind auch bewunderungswürdig rücksichtlich ihrer Orientirung in Wäldern. Sie können mehr als hundert Meilen[2] in gerader Richtung von einem Orte zum andern in den Wäldern reisen, ohne die geringste Spur eines Weges zu haben. Wenn die Sonne scheint, orientiren sie sich nach der Sonne, allein sie können sich auch gar gut orientiren, wenn die Sonne nicht scheint. Sie beobachten die Lage der Bäume, und erkennen auf gewissen Bäumen, deren Gipfel, wie sie sa-

---

[2] Drei amerikanische Meilen machen eine Stunde. So oft in diesem Buche Meilen erwähnt werden, sind immer amerikanische oder englische Meilen darunter zu verstehen.

gen, immer gegen eine gewiſſe Himmelsgegend geneigt ſind, wohin ſie zu gehen haben. Selbſt bei der Nacht können ſie ſich orientiren, wenn ſie auch keine Sterne am Firmamente ſehen, denn ſie erkennen nach dem Mooſe, welches ſie an den Stämmen der Bäume fühlen, wo Nor= den iſt.

Oft reiſen ſie eine Woche lang auf dieſe Weiſe, ohne alle Bekleidung, außer daß ſie eine ſchlechte Decke für die Nächte haben; und ohne alle Nahrung, außer einem Taback[s]beutel voll geröſteten türkiſchen Weitzens, wovon ſie alle 24 Stunden eine kleine Portion verzehren. Sie gewöhnen ſich daran von Jugend auf, indem die Jagd ihre vorzüglichſte Beſchäftigung und ihr ergiebigſter Nahrungszweig iſt.

Die Indier ſind auch ſchnelle und ausdauernde Läufer. Man hat authentiſche Beiſpiele von Indiern, die achtzig ja hundert Meilen weit in einem Tage liefen, und am folgenden Tage den nämlichen Weg wieder zurück machten.

Man hat in den neuern Zeiten ein Beiſpiel von einem Indier, der den Auftrag erhielt, einem General in der Arme der Vereinigten=Staaten, Namens Atkinſon, einen wichtigen Rapport zu überbringen. Dieſer Indier legte einen Weg von mehr als hundert Meilen, (34 Stunden) in einem Tage und einer Nacht zurück.

Die folgende hiſtoriſche Anecdote liefert ein bewunderungswürdiges Beiſpiel eines in= diſchen Läufers.

Ein junger Tſchikaſaw=Indier hegte gegen die Erik=Indier einen tödtlichen Haß, weil die= ſe einen ſeiner Verwandten getödtet hatten. Um den Tod ſeines Verwandten zu rächen, be= ſchloß er in das Gebieth der Erik=Indier zu gehen, und den erſten Indier dieſes Stammes, den er antreffen würde, zu tödten. Er ging lange durch die dichteſten und am wenigſten beſuchten Wälder, bis er endlich zu einem Dorfe dieſer Indier kam. Ein Fluß ſchiede ihn von dem Dorfe. Er verbarg ſich am Ufer dieſes Fluſſes, nahe an dem Orte, wo die Indier den Fluß zu überfahren pflegten. Sein ganzer Vorrath an Lebensmitteln beſtand in etwas gedörrtem Fleiſche. Dort lag er nun verborgen, und lauerte drei Nächte und drei Tage auf ein Schlach= topfer ſeiner wilden Rache. Endlich bemerkte der gegen den Abend des dritten Tages einen kleinen Kahn auf dem Fluſſe, in welchem ein Mann, ein Weib und ein Mädchen den Fluß überſetzten. Als ſie ans Ufer kamen, erſchoß er den Mann[3], ſprang herbei und erſchlug das Weib und das Mädchen, zog ihnen die Haut von der Hirnſchale ab[4], und zeigte dieſe Zeichen ſeines Triumphes mit verachtender Miene und ſpottendem Tone den Indiern auf dem jenſeiti= gen Ufer, die vor Wuth entbrannten und eiligſt in ihre Kähne ſprangen, um ihn zu verfolgen.

Der verwegene Tſchikaſaw erhob nun das furchtbare indiſche Todtengeheul, und ergriff eine ſo ſchleunige Flucht, daß er eine Stunde vor Anbruch des folgenden Tages bereits ſieben=

---

[3] Bald nach der Ankunft der Europäer nach Nord=Amerika kamen die Schießgewehre unter den Indiern in Ge= brauch; jedoch bedienten ſie ſich ihrer im Anfange nur ſelten.
[4] Von dieſem barbariſchen Gebrauche der indiſchen Krieger wird weiter unten was Mehreres geſagt werden.

zig Meilen jenes wilden und gebirgigen Landstriches durchlaufen war. Nun ruhete er ein wenig aus, und schlief ein Paar Stunden in sitzender Stellung gegen einen Baum gelehnt. Darauf floh er wieder mit zunehmender Schnelligkeit, bis er in zwei Nächten und anderthalb Tagen seine Heimath erreichte.

Der Historiker, der diese Anecdote aufgezeichnet hat, versichert, daß er oft zu Pferde den Weg gemacht hat, den dieser Indier machte, allein nie in weniger als in fünf Tagen, denn dieser Weg beträgt dreihundert Meilen!

Ein anderes erstaunliches Beispiel dieser Art ist folgendes, welches auch zugleich zeigt, wie ausdauernd gewöhnlich die Indier in körperlichen Beschwerden sind.

Ein Catawba-Indier, (auf einem der 36 kleinen indischen Stämme,) war eines Tages mit der Jagd beschäftiget, als er sich plötzlich von einer Menge Indier eines benachbarten feindlichen Stammes umgeben sah. Er suchte zu entfliehen, allein überall sah er seine Feinde um sich herum. Er floh hin und her, und war so geschickt im Laden seines Gewehres, daß er auf seiner Flucht sieben seiner Feinde erschoß, ehe sie ihn fangen konnten. Endlich fingen sie ihn, und führten ihn im melancholischen Triumphe nach ihrer Heimath, denn es kränkte sie und sie schämten sich, daß sie für einen einzigen Gefangenen sieben ihrer Cameraden verloren hatten; zugleich aber bewunderten sie seinen Muth und seine Gewandtheit, und waren stolz einen solchen Krieger in ihre Gewalt bekommen zu haben.

Als sie nach Hause kamen, hielten sie sogleich Rath über den Gefangenen, und verurtheilten ihn beim langsamen Feuer verbrannt zu werden. Allein der Gefangene ließ seinen Muth nicht sinken. Er besaß noch alle seine Kräfte, obwohl er einen unglaublich beschwerlichen Marsch von mehreren Tagen mit seinen Feinden gemacht hatte, auf welchem sie ihm fast keine Nahrung gaben, und jede Nacht legten sie seine Füße und Hände zwischen zwei schwere Stück Holz, banden die Stücke zusammen, und ließen ihn die ganze Nacht in dieser peinlichen Lage.

Seine Feinde urtheilten, daß er von einem so beschwerlichen Marsche ermattet seyn muß, und waren daher nicht sehr behutsam mit ihm, als sie ihn auf den Ort führten, den sie zu seiner Peinigung bestimmt hatten. Als der kraftvolle Catawba dieses bemerkte, ergriff er wüthend die Mordart eines nahen Indiers, erschlug damit einige, die ihm im Wege standen, rannte mit erstaunlicher Schnelligkeit gegen den nahen Fluß, und überschwamm ihn glücklich, ehe ihn seine zahlreichen Verfolger erreichen konnten, und ohne von ihren Kugeln und Pfeilen getroffen zu werden.

Als er das jenseitige Ufer erreicht hatte, wollte er seine Feinde nicht verlassen, ohne ihnen noch einmahl zu zeigen, wie sehr er sie verachte. Er blieb stehen und nahm sich Zeit, ihnen durch die abscheulichsten Gebehrden seine Verachtung zu bezeugen. Darauf ergriff er die Flucht, und ungeachtet der unsäglichen Beschwerden, die er während mehrerer Tage und Nächte auf dem Marsche in seiner Gefangenschaft ausgestanden hatte, rannte er so schnell, daß er seine Verfolger weit hinter sich ließ. Bis Mitternacht des nämlichen Tages war er auf seiner schnellen Flucht schon so weit gekommen, daß seine Verfolger erst am folgenden Tage auf die Stelle kamen, wo er indessen geruhet hatte. Als er seine Feinde kommen sah, verbarg er sich. Es ereignete sich, daß sie sich in seiner Nähe lagerten, um auszuruhen. Sie waren fünf an der Zahl; da sie einen einzigen Feind vor sich hatten, und selbst dieser ein Flüchtling war, dachten sie an keine Gefahr, und schliefen alle ein. Nun schlich der rachsüchtige Catawba herbei, nahm die Mordaxt eines seiner Feinde, und erschlug sie alle in größter Schnelligkeit. Er nahm nun ihre Lebensmittel, ein Gewehr und ihr Pulver und Blei, und kehrte triumphirend in seine Heimath zurück.

Die Hauptzüge des Characters der nord-amerikanischen Indier sind: Trägheit, Sorglosig-keit für die Zukunft, Rachsucht und Tücke, und ein außerordentlicher Hang zur Trunkenheit, und in einigen Stämmen unmenschliche Grausamkeit nicht nur gegen ihre Feinde, sondern selbst gegen ihre Weiber und Blutsverwandten. Dagegen sind sie sehr gastfrei und gefällig gegen Fremde, sowohl von ihrer eigenen Nation als gegen Ausländer, und einige Stämme sind auch im Allgemeinen sanftmüthig, treu und aufrichtig, und sehr geduldig in Leiden und Beschwerden. Einige Stämme sind ausgezeichnet in der Tapferkeit und Unerschrockenheit, und besitzen eine heroische Standhaftigkeit in den Peinen, die ihnen ihre Feinde anthun, wenn sie sie zu Gefangenen machen.

Man sieht aus dieser Schilderung, daß der Character der nord-amerikanischen Indier nicht der beste ist. Ich berichte dieses größtentheils auf eigener Erfahrung, theils auch auf zu-verläßigen Quellen, und auf dem Munde von Augenzeugen, die alle in ihren Aussagen über-einstimmen. Jedoch muß ich mit Bewunderung bemerken, daß die Indier, die sich einmahl zur christlichen Religion bekehren, ganz andere Menschen werden, und im eigentlichen Sinne den alten Menschen mit seinen Lastern ausziehen und einen ganz neuen anziehen.

Die Trägheit der Indier ist außerordentlich. Die Männer sind gewöhnlich noch träger als die Weiber.

Unter allen nord-amerikanischen indischen Stämmen ist, dem allgemeinen Urtheile nach, der Stamm der Otawa-Indier im Gebiethe Michigan, der arbeitsamste. Die nördlichen In-dier sind ungemein träge.

Die Männer liegen oft ganze Tage, und mehrere Tage nach einander in ihren Hütten, und rauchen Taback, bis sie endlich der Hunger zwingt, Nahrung suchen zu gehen. Die Män-ner fällen fast niemals Holz, sondern dieß müssen die Weiber thun. Auch die geringe Feldar-beit, die einige indische Familien treiben, verrichten fast ausschließlich die Weiber. Wenn man die heidnischen Indier zur Arbeit ermahnt, antworten sie: „Wir sind ja keine Weiber". Allein auch die Weiber sind ungemein träge, und nur die Noth kann sie zur Arbeit bringen. Auch sie liegen gewöhnlich unthätig in ihren Hütten und rauchen fortwährend Taback. Es ist erstaun-lich, wie der eckelhafte Gebrauch des Tabackrauchens unter den Indiern allgemein ist. Nicht nur alle Männer und Weiber, beinahe ohne Aufnahme rauchen Taback, sondern selbst kleine

Knaben und Mädchen von 10 bis 12 Jahren rauchen schon leidenschaftlich, besonders höher im Norden.

Die Indier haben im Allgemeinen keine Vorsicht und Sorge für die Zukunft. Wenn sie einen guten Fischfang oder gute Jagd gemacht haben, laden sie alle ihre Nachbarn ein, und alles muß auf der Stelle verzehrt werden; und es wird auch alles verzehrt, denn die Indier essen erstaunlich viel auf einmahl, oft so viel, daß sie unterliegen, und sich lange Zeit nicht von der Stelle rühren können. Trotz der häufigen Hungersnoth, in die sie gerathen, werden sie doch nicht klüger, und gewöhnen sich lieber von Jugend auf an das peinlichste Fasten mehrere Tage nach einander, als an die Arbeit und eine kluge Wirthschaftlichkeit. Es ist ein Hauptgegenstand der indischen Erziehung, die Kinder frühzeitig an das Fasten zu gewöhnen, worin die Indier auch eben so große Meister sind, als in der Unmäßigkeit.

Da die Indier so träge sind, und auch keine Vorsicht und Sorge für die Zukunft haben, gerathen sie oft in die äußerste Noth und in einen gänzlichen Mangel an Lebensmitteln und allen andern Bedürfnissen und Bequemlichkeiten des Lebens. Diesem Umstande ist es zuzuschreiben, daß die Indier so ungemein abgehärtet sind, und daß sie eine Lage, in welcher ein Europäer bald unterliegen müßte, sehr erträglich finden. Die folgende Anecdote ist ein Beispiel von Abhärtung der Indier, selbst unter dem weiblichen Geschlechte.

Ein erwachsenes indisches Mädchen wurde von feindlichen Indiern geraubt, und mehrere hundert Meilen weit abgeführt, wo sie als Sclavinn dienen mußte. Dieser Lage überdrüßig, beschloß sie zu entfliehen, und zu ihren Verwandten zurückzukehren. Es gelang ihr wirklich, unbemerkt auf dem Orte ihrer Feinde zu entfliehen; allein da sie einen sehr weiten Weg zu machen hatte, und die Jahreszeit schon spät war, wurde sie auf ihrem Wege, mitten in einer unermeßlichen Wildniß von dem Winter und einem so schlechten Wetter überfallen, daß sie ihre Reise nicht mehr fortsetzen konnte, und genöthiget war, in der Wildniß zu überwintern. Sie machte sich nun eine kleine Hütte, ihr geringer Vorrath an Lebensmitteln wurde bald verzehrt, und nun machte sie allerlei Erfindungen, um sich ihren Lebensunterhalt zu verschaffen. Sie hatte einige Reh=Sehnen bei sich, auf welchen sie Schlingen machte, und hie und da einen Hasen oder ein Rebhuhn fing. Nachdem sie alle Reh=Sehnen verbraucht hatte, flocht sie mehrere Hasen=Sehnen zusammen, und machte Schlingen darauf. Ihre Kleidung, die sie mit sich auf die Flucht mitgenommen hatte, war leicht und schwach, sie machte sich daher eine Unterkleidung aus Hasenfellen, die sie mit Sehnen zusammen nähete. So verlebte sie 7 Monate in jener Wildniß, und war mit ihrer Lage so zufrieden, daß ihr der Winter sehr kurz schien, und sie sich nicht sehr beilte, ihre Reise fortzusetzen, bis einige Indier, die einen gelehrten englischen Reisebeschreiber auf seiner Reise durch Nord=Amerika begleiteten, ihre kleine Hütte entdeckten. Sie gingen in die Hütte, und waren erstaunt, als sie ein menschliches Wesen, und zwar ein Mädchen ganz allein in jener schaudervollen Wildniß fanden. Sie ging nun mit ihnen, und gelangte glücklich in ihre Heimath.

Die Rachsucht der Indier ist leidenschaftlich, dabei aber sind sie verstellt und tückisch. Sie sind dem Jähzorn nicht unterworfen; sie schelten und fluchen nicht, wenn sie beleidiget werden. Es ist sehr merkwürdig, daß die Sprachen der nord-amerikanischen Indier kein einziges Fluchwort haben, sie haben auch keinen Ausdruck in ihren Sprachen für das Wort fluchen. Wenn ein Indier beleidiget wird, bricht er nicht in Jähzorn aus, sondern schweigt und bleibt vollkommen ruhig; und ein Fremder, der die Indier nicht kennt, würde glauben, daß er die empfangene Beleidigung gar nicht beachtet. Allein im Herzen kocht er Rache, und lauert fortwährend auf eine Gelegenheit, sich an seinem Beleidiger zu rächen. Man hat sehr häufige Beispiele von Indiern, die mehrere Jahre hindurch auf eine Gelegenheit, sich zu rächen, lauerten, und dann ihre Rache mit der nämlichen Wuth ausübten, mit welcher sie andere Nationen im ersten Augenblicke der empfangenen Beleidigung in ihrem Jähzorne ausüben. Alle heidnischen Indier haben verschiedene Arten von Gift in ihrer Verwahrung, und wenn sie sich nicht anders rächen können, vergiften sie ihren Beleidiger, und achten es nicht, wenn seine ganze Familie mit ihm zu Grunde geht. Man hört sehr oft Beispiele davon.

Daß die Indier im Allgemeinen einen außerordentlichen Hang zu Trunkenheit haben, ist bereits erwähnt worden, als von den Ursachen ihrer auffallenden Verminderung die Rede war.

Rücksichtlich der Grausamkeit, die allen Völkern im wilden Zustande mehr oder weniger eigen ist, sind die Indier verschiedener Stämme verschieden. Je kriegerischer der Stamm ist, desto grausamer ist er auch. Die Osagi-Indier und die Siu-Indier, so wie auch einige kleine nördliche Stämme sind sehr barbarisch und grausam, nicht nur gegen ihre Feinde und ihre Kriegsgefangenen, sondern auch gegen ihre Weiber und selbst gegen ihre Aeltern. Die Indier einiger Stämme betrachten ihre Weiber nicht als Gefährtinnen, sondern als Sclavinnen. Sie müssen alle Arbeiten verrichten, indeß ihre Männer müßig in den Hütten liegen. Einige nördlichere Stämme verfahren sehr unmenschlich gegen ihre altgewordenen Väter und Mütter und andere Verwandten. Diese Indier haben im Allgemeinen keinen beständigen Aufenthalt in einem bestimmten Orte, sondern ziehen mit ihren Familien von einem Orte zum andern in den Wäldern, wo sie eine bessere Jagd zu finden hoffen; denn die nördlichen Indier leben ausschließlich von der Jagd der Büffelochsen, deren es in Nord-Amerika eine unglaubliche Menge gibt. Diese Thiere halten sich in großen Herden von mehreren Tausenden beisammen, und ziehen von Ort zu Ort, um bessere Weide zu finden. Die Indier ziehen ihnen nun mit ihren Familien beständig nach, im Winter wie im Sommer. Wenn nun ein Mitglied der Familie, sey es Vater oder Mutter, oder wer immer, zu alt und zu schwach wird, daß er nicht mehr mit der übrigen Familie herumreisen kann, so geben sie ihm ein Feuerzeug, einen kleinen Kessel, und so viel Lebensmittel, als sie entbehren können, und ziehen weiter, und überlassen ihren alten schwachen Vater oder ihre Mutter ihrem traurigen Schicksale, das ist dem gewissen Hungertode! –

Ueberhaupt bemerkt man unter den Indiern von Nord-Amerika, daß sie gar keine Ehrfurcht gegen ihre Aeltern haben, woran jedoch die Aeltern ganz selbst Schuld sind; denn sie lassen ihren Kindern gänzlich ihren freien Willen, sie mögen ausarten wie sie wollen. Die Indier des Otschipwe-Stammes, so wie auch die meisten nördlichern Stämme haben die Gewohnheit, ihre Väter nicht mein Vater, sondern mein Camerad zu nennen, und sie verhalten sich auch gegen sie, wie gegen Cameraden. Die Anhänglichkeit und Liebe der Aeltern gegen ihre Kinder ist unter den Indiern viel stärker, als die Liebe und Ehrfurcht der Kinder gegen ihre Aeltern.

Die Grausamkeit, mit welcher die Indier ihre Feinde behandeln, wenn sie sie gefangen bekommen, ist im höchsten Grade barbarisch. (Davon wird weiter unten was Mehreres gesagt werden.)

Jedoch muß man gestehen, daß der Character der nord-amerikanischen Indier auch seine schönen und edlen Züge hat. So z. B. übertreffen sie in der Gastfreiheit alle civilisirten Nationen. Wenn ein Fremder, mag er Indier oder Europäer seyn, in ihre Hütten kommt, so machen sie gleich Anstalten, daß er etwas zu essen bekommt, ohne daß er es verlangt. Wenn sie auch in der Hungersnoth sind, und es kommt ein Fremder in ihre Hütte, so geben sie ihm sehr willig den letzten Bissen, den sie noch haben.

Eines Tages kam ein Indier ganz müde von einer beschwerlichen Reise zu dem Hause eines Canadiers, und bath ihn um ein Glas Bier, um sich zu erfrischen. Der Canadier antwortete ihm, daß er kein Bier für die Barbaren habe. Der Indier bath ihn, ihm wenigstens ein Glas frisches Wasser zu geben. „Hohl dir dein Wasser selbst" antwortete ihm der ungastfreundliche Canadier. Der Indier ging ganz erstaunt davon und eilte nach Hause. Bald darauf ging der nämliche Canadier auf die Jagd, verirrte sich aber im Walde, und nachdem er lange Zeit hin und her geirrt hatte, kam er endlich gegen Abend zu einer indischen Hütte. Es war die Hüte des Indiers, den er so ungastfreundlich behandelt hatte, er wußte es jedoch nicht. Froh, die Hütte gefunden zu haben, trat er hinein, und der Indier, der ihn auf der Stelle erkannte, grüßte ihn freundlich, und lud ihn ein, in der Hütte zu übernachten. Der Canadier wollte noch den nämlichen Abend nach Hause kommen, und bath den Indier, (den er noch immer nicht erkannte,) er möchte ihm den Weg nach seinem Hause anzeigen. Der Indier versicherte ihn, daß er weit von seinem Hause entfernt sey, daß es ihm nicht möglich wäre, vor der Nacht heim zu kommen, und daß er sich bei der Nacht wieder im Walde verirren würde. Er versprach ihm zugleich, ihn den folgenden Tag bis zu seinem Hause zu begleiten. Der Canadier blieb nun, und der Indier bediente ihn, so gut er konnte. Den folgenden Tag begleitete er ihn bis zu seinem Hause. Als sie schon nahe am Hause waren, blieb er stehen, und gab sich zu erkennen. Der Canadier, der den rachsüchtigen Character der Indier kannte, erschrack nicht wenig. Allein der Indier, dessen Neigung zur Gastfreundschaft die Neigung zur Rache überwunden hatte, sagte ihm ganz ruhig: „Fürchte nicht mein Camerad, ich thue dir nichts. Geh im Frieden, und lerne von den Wilden gastfreundlich zu seyn".

Die Tapferkeit der Indier hat in den neuern Zeiten sehr abgenommen. Gegenwärtig sind die Osagi=Indier und die Siu=Indier die tapfersten und kriegslustigsten. Einige der minder kriegerischen Stämme sind im Allgemeinen gutmüthig und wohlwollend. Die besten Indier sind die Manomini=, die Otawa= und die Algonkin=Indier.

Die Standhaftigkeit der indischen Krieger, wenn sie in die Gefangenschaft gerathen, und von ihren Feinden zu Tode gepeinigt werden, ist bewunderungswürdig. Die folgende histo= rische Anecdote zeigt uns einen indischen Krieger in seiner heroischen Standhaftigkeit. Vor ungefähr 60 Jahren machten einige Indier in einem Streite mit Indiern eines benachbarten Stammes, einen wichtigen Gefangenen, der wegen seiner Grausamkeit und Mordlust aufge= zeichnet war, und unter seinen Nachbarn schon 30 Jahre hindurch, viel Schaden angerichtet, und so Manchen ums Leben gebracht hat. Sie nannten ihn den alten Skranÿ, und wünschten nichts so sehr, als ihn einmahl in ihre Gefangenschaft zu bekommen, und ihn zu peinigen. Es gelang ihnen wirklich, ihn gefangen zu bekommen. Sie beschloßen sogleich, ihn beim langsa= men Feuer zu Tode zu martern. Sie führten ihn im wilden Triumphe auf einen dazu be= stimmten Ort, banden ihn an einen Pfahl, und zündeten ein Feuer in seiner Nähe an. Er hielt diese grausame Pein eine lange Zeit aus, ohne die geringste Bewegung zu machen, und ohne den mindesten Laut von sich zu geben. Endlich fing er an, seiner Feinde zu spotten, for= derte sie auf, ihn besser zu quälen, und sagte ihnen mit spottender Miene, daß sie es nicht ver= stehen, einen Helden zu peinigen, und daß er es ihnen aus Mitleid gegen ihre Unerfahrenheit zeigen wolle, wie sie es anstellen müssen, wenn sie ihn nur auf einige Augenblicke losbinden, und ihm das glühende Flintenrohr, welches im Feuer lag, in die Hand geben wollten.

Der Vorschlag war so sonderbar, daß er die Neugierde seiner Peiniger erregte. Sie mach= ten einen dichten Zirkel um ihn herum, und banden ihn los, um zu sehen, was er sie lehren wolle. Er lehrte sie auch wirklich, wer er sey; denn sobald er sich frei fühlte, ergriff er das glü= hende Flintenrohr, und schlug damit wüthend um sich herum, daß er sich gar bald einen Weg durch die erstaunte Menge gebahnt hatte. Er rannte nun gegen den Fluß, der nahe daran vorüberfloß, sprang von dem steilen und hohen Ufer in den Fluß, tauchte unter, schwamm unter dem Wasser nach der Insel, die in der Mitte des Flußes war, durchschwamm noch den andern Arm des Flußes und obwohl eine Menge seiner beschämten Feinde ihm nachliefen, und die übrigen einen Regen von Pfeilen und Kugeln ihm nachschickten, gelang es ihm doch, einen Sumpf zu erreichen, in welchem er sich verborgen hielt, bis die Gefahr vorüber war. Dann setzte er seine Flucht fort, und erreichte glücklich seine Heimath, ganz verwundet zwar und verbrannt, jedoch triumphirend über seine Feinde, und war ihnen noch viele Jahre hindurch der furchtbare alte Skranÿ, wie er es ihnen bereits 30 Jahre hindurch gewesen war.

## Zweites Hauptstück.

### Tracht der nord-amerikanischen Indier.

Vor der Ankunft der Europäer nach Nord-Amerika, und noch lange Zeit nach ihrer Ankunft bestand die ganze Kleidung der Indier auf Thierhäuten. Als die Engländer nach Nord-Amerika kamen, bemerkten sie sogleich, daß sich die Weiber viel anständiger kleideten, als die Männer.

Die Indier wollten lange Zeit ihre alte Art, sich zu kleiden, nicht verlassen. Als sie die Europäer nach und nach an europäische Kleidung zu gewöhnen anfingen, fanden sie diese Art sich zu kleiden, so unbequem, daß sie bei der geringsten Arbeit ihre Kleidung von sich legten. Dieses thaten sie auch, wenn es zu regnen anfing, und wollten lieber ihre Haut als ihre Kleidung naß werden laßen. Wenn sie auf einen Besuch zu den Colonisten kamen, trugen sie allezeit europäische Kleidung; allein sobald sie wieder in ihre Hütten kamen, legten sie sie gewöhnlich ab.

Gegenwärtig sind alle nord-amerikanischen Indier mit Stoffen auf den Fabriken der Weißen bekleidet, die ihnen die Pelzhändler überall, selbst in die entferntesten nördlichen Gegenden nachtragen, und gegen ihr kostbares Pelzwerk austauschen. Je weiter man jedoch gegen Norden geht, desto weniger europäische Kleidung findet man unter den Indiern. Die meisten nördlichern Indier bekleiden sich mit Bieberhäuten. Sowohl Männer als Weiber tragen Röcke auf Biberhäuten. Sie machen sich auch ihre Bettdecke auf denselben, die sie mit Reh-Sehnen zusammen nähen. Im Sommer bekleiden sie sich jedoch mit Stoffen, die sie von den Pelzhändlern erhalten.

Allein, obwohl sich die Indier mit Stoffen der Weißen kleiden, unterscheiden sie sich doch im Zuschnitte und in den Verzierungen ihrer Kleidung auffallend von allen civilisirten Völkern. Die indischen Weiber, die alle Kleidungsstücke für sich und ihre Männer verfertigen, (denn es gibt keine Schneider und keine Schuster unter den Indiern), sind sehr erfinderisch in allerlei kleinlichen und kindischen Verzierungen der Kleidungsstücke, die sie verfertigen. Die Weiber verfertigen auch alle Schuhe für die ganze Familie, und müssen auch ganz allein, ohne Beihülfe der Männer, die Reh- und Büffelhäute gärben, auf welchen sie ihre Schuhe verfertigen. Es ist zwar wahr, daß die von den Indierinnen gegärbten Häute nicht so schön und geschmeidig sind, als jene, die die Gärber in den civilisirten Ländern zubereiten, jedoch verwundern sich die Europäer allezeit, wenn sie zum ersten Mahle eine von den Indierinnen gegärbte Haut sehen, die oft nur wenig einer handwerksmäßig gegärbten Haut nachgiebt.

Es ist drollig, den Aufputz eines eitlen jungen Indiers zu sehen, besonders wenn er in ein anderes Dorf auf einen Besuch geht. Er hat da ein buntes Hemd von den grellsten Farben, ferner hat er eine Art von Kamaschen, hoch über die Knie hinauf, auf Scharlach, mit einer Menge von kleinen Glascorallen und Bändern von allerlei Farben, die überall herabhängen, verziert. Um die Knöchel und Knie herum nähet sich der indische Stutzer kleine Schellen an, um die Augen aller jener an sich zu ziehen, bei denen er vorübergeht. Seine Schuhe sind mit Bändern und Glascorallen so reichlich verziert, daß man fast kein Leder mehr sieht. Zuweilen hat er einen Rock auf blauem oder rothem Tuche mit bunten Bändern und falschen Borten auf die lächerlichste Weise verziert, und umgürtet sich mit einer rothen Binde. Zuweilen hängt er sich statt eines Rockes blos ein Stück blaues oder rothes Tuch über die Schultern. Ferners hängt er sich wenigstens ein halbes Dutzend große silberne Ohrgehänge in jedes Ohr,[5] einen großen silbernen Ring in die Nase, und zwei oder drei Reihen von breiten silbernen Armbändern um seine Arme. Um seinen Kopf bindet er sich eine Fischotterhaut, oder ein großes buntes Umhängtuch in der Form eines türkischen Turbans. Ueberdieß bemahlt er sich sein Gesicht auf die gräßlichste Weise mit rothen, grünen und gelben Farben.

Dieß ist der Aufputz eines wohlhabenden und eitlen Indiers. Allein die Eitelkeit ist bei weitem nicht so allgemein unter den Indiern, als unter den Weißen.

Man sieht selten diesen Aufputz unter ihnen. Gewöhnlich sind die Indier sehr schmutzig und nachläßig in ihrer Kleidung. Oft wenn sie ein neues Hemd anziehen, ziehen sie es nimmer aus, sondern tragen es so lange, bis es an ihnen verfault und in Trümmer zerfällt, und dann bleiben sie oft sehr lange ohne Hemd, und bedecken sich blos mit einer wollenen Decke, (mit einem Kotzen). Im Sommer ist gewöhnlich ein Hemd ihre ganze Bekleidung, und wenn sie wohin gehen, hängen sie ihre Decke um sich.

Die Indier haben gewöhnlich keine Kopfbedeckung, sondern stecken sich bunte Federn in ihre langen und dichten Haare. Die besser gekleideten haben eine Art von hohen Kamaschen auf Tuch oder Stücken von alten Decken, jedoch keine Beinkleider; und Röcke auf alten Decken mit einem ledernen Gürtel um ihre Lenden. Ihre Kleidung ist höchst unrein und voll Ungeziefer, und wenn man in ihrer Nähe ist, empfindet man einen sehr üblen Geruch. Sie waschen sehr selten ihre Hemden, und noch seltener ihre Hände und ihr Gesicht.

Jedoch muß bemerkt werden, daß alles dieses nur von den Heiden gilt. Die christlichen Indier werden sorgfältig zur Reinlichkeit und Anständigkeit in der Bekleidung angehalten, und alle Eitelkeit wird ihnen strenge verbothen. Sobald sich ein Indier, welcher silberne Ohrgehänge, Nasenringe und Armbänder besitzt, zur christlichen Religion bekehrt, muß er sie sogleich gegen nützlichere Kleidungsstücke umtauschen, darf sich nie mehr sein Gesicht bemahlen, und keine Federn mehr in seine Haare stecken.

Heiden und Christen tragen beständig einen großen Tabacksbeutel, (der auf dem Felle einer wilden oder heimischen Katze, einer jungen Fischotter, oder eines andern dergleichen Thieres besteht), mit sich, und hängen ihn rückwärts an ihren Gürtel. Sie haben auch beständig ein großes Messer in einer Scheide am Gürtel hängen.

---

[5] Die Indier schneiden sich so große Löcher in ihre Ohren, daß man sehr leicht einen Finger durchstecken kann.

Die Tracht der indischen Weiber ist nicht weniger sonderbar, als die der Männer. Sie tragen wie die Männer, bunte Hemden, und eine Art von kurzen Röcken, die sie um ihre Lenden binden, gerade wie die Maurer in Europa, wenn sie an der Arbeit sind. Diese Röcke sind auf Tuch oder auf buntem Zeuge. Sie tragen wie die Männer, hohe Kamaschen, die sie oft auf die sonderbarste Weise verzieren, so wie auch ihre Schuhe. Im Winter haben sie eine Art von Janken auf Tuch oder alten Decken. Sie haben nie eine Kopfbedeckung, und stecken sich auch keine Federn in ihre Haare, auch habe ich bis jetzt nur erst ein einziges indisches Weib mit einem bemahlten Gesichte gesehen. Höher im Norden und im Westen sieht man ihrer mehrere, jedoch immer äußerst selten. Wenn sie wohin gehen, hängen sie ihre wollenen Decken oder Kotzen über den Kopf, nicht nur im Winter, sondern auch im Sommer, und ersticken darunter beinahe vor Hitze. Die wohlhabendern und die eitlen indischen Weiber bedecken sich, wenn sie ausgehen, mit einem großen Stücke blauen oder rothen Tuches.

Ich hatte oft Gelegenheit zu bemerken, daß die wenige Eitelkeit, die man unter den Indiern findet, mehr unter dem männlichen als weiblichen Geschlechte herrscht. Die Eitelkeit der indischen Weibspersonen besteht darin, daß sie ein sehr feines Tuch haben, um sich zu bedecken, und daß sie eine Menge von Bändern und Glascorallen an ihre Schuhe und Kamaschen annähen. Die Weiber tragen auch viele Ohrgehänge und zuweilen Armbänder, jedoch nie Nasenringe.

Die Männer bemahlen sich ihr Gesicht mit verschiedenen Farben, die sie von den Pelzhändlern erhalten. Sind sie in der Trauer oder in der Hungersnoth, so bemahlen sie sich ganz schwarz, und sind sie in der Freude, so bemahlen sie ihr ganzes Gesicht mit Zinober, und bringen hier und da schwarze oder dunkelbraune Streife, und zuweilen weiße oder gelbe Puncte an, wodurch sie sich ein gräßliches Aussehen geben. Sie tragen immer kleine runde Spiegel mit sich, um sich von Zeit zu Zeit an dem Anblicke ihres Gesichtes zu ergötzen.

Hechkewelder, ein Niederländer, der lange Zeit unter den Indiern von Nord-Amerika gelebt hat, erzählt folgende Anecdote von einem indischen Oberhäuptling: Als er nämlich eines Tages in die Hütte dieses Oberhäuptlings kam, um ihn zu besuchen, fand er ihn mit der Ausraufung der wenigen Barthaare, die noch hier und da auf seinem Kinne hervorkamen, beschäftiget, und erfuhr von ihm, daß er sich sein Gesicht reinige, weil er es so schön als möglich bemahlen müsse, da am Abend ein großer Tanz der Indier statt finden wird, zu welchem er eingeladen ist. Der Europäer wollte ihn in seiner Arbeit nicht stören und ging nach Hause. Bald darauf kam der Indier in die Wohnung des Europäers, um ihm, wie er sagte seinen Besuch zu erwiedern, aber es war wohl vielmehr, um sich von dem Europäer bewundern zu lassen. Wirklich verwunderte sich auch dieser, als er an dem Indier drei verschiedene Gesichter sah, die er durch eine geschickte Auflegung verschiedener Farben vorzustellen gewußt hatte. Er hatte nämlich seine Nase so bemahlt, daß man glaubte, wenn man ihm von vorne ins Gesicht schaute, er habe eine sehr lange und schmale Nase mit einem Knoten am Ende. Eine Seite seines Gesichtes war roth bemahlt, und die andere schwarz; und seine Augenbrauen waren auf der einen Seite ganz anders vorgestellt, als auf der andern, so daß er ganz ein anderer Mensch zu seyn schien, wenn man ihn von der rechten, als wenn man ihn von der linken Seite ansah. Er kannte sein Meisterstück, und war stolz darauf. Er hatte einen kleinen Spiegel bei sich, in welchem er sich oft beschaute. Endlich fragte er den Niederländer: „Wie gefalle ich dir mein Camerad"? Dieser antwortete ihm: „Hättest du dieses Werk auf eine Birkenrinde verfertiget, so würde es mir sehr gefallen." „Es gefällt dir also nicht, wie es da ist, fragte weiters der Indier, und warum nicht"? Der Europäer antwortete: „Weil ich nicht recht sehen kann, wer du bist, mit deinem dreifachen Gesichte." Worauf der Indier unzufrieden davon ging.

Eine andere Art sich zu zieren, ist unter den Indiern das Tattuiren. Es ist zwar jetzt viel seltener geworden, als es in vorigen Zeiten war, jedoch ist es noch immer im Gebrauche.

Um sich zu tattuiren, bereiten die Indier auf einer gewissen Baumrinde, die sie verbrennen, ein schwarzes Pulver, dann binden sie mehrere Nadeln zusammen, in Form eines Pinsels, stechen damit die Haut bis zum Blute, streuen das Pulver darauf und lassen es eintrocknen, wodurch der Haut ein unauslöschliches Zeichen eingedrückt wird. Vor der Ankunft der Europäer nach Nord-Amerika bedienten sich die Indier zur Tattuirung scharfer Steine oder spitziger Fischzähne.

Sie machen allerlei rohe Zeichnungen von Thieren, Vögeln oder Fischen auf ihre Haut, wenn sie sich tattuiren. Einige indische Stämme haben ein allgemeines Zeichen, die Vorstellung eines Thieres, mit welchem alle bezeichnet sind. Es gibt einige Tattuir-Meister unter den Indiern, die oft von weitem geholt werden, um einen berühmten Krieger oder Anführer zu tattuiren.

Es war hier in Nord-Amerika vor einiger Zeit ein indischer Oberhäuptling, der zugleich ein tapferer Streiter war, und oft mit den benachbarten Stämmen ins Gefecht kam, wobei er viele Wunden erhielt. Er ließ nun einen Tattuirmeister kommen, und ließ sich überall um die Narben der Wunden auf die gräßlichste Weise tattuiren, um sie bemerklicher zu machen. Ueberdieß ließ er sich über seinen ganzen Leib so tattuiren, daß kein Fleck seiner Haut davon ausgenommen blieb. Er ließ sich seine Abenteuer in den Gefechten mit seinen Feinden auf seine Haut abzeichnen, so daß die Haut die ganze Lebensgeschichte des Mannes lieferte.

### Drittes Hauptstück.

### Wohnung und Nahrung der nord-amerikanischen Indier.

Die Hütten der Indier haben noch immer die nämliche Form, die sie hatten, als die ersten Europäer in dieses Land kamen. Die Beschreibung, welche die ersten englischen Historiker, die über die nord-amerikanischen Indier geschrieben haben, von ihren damaligen Hütten machen, gilt vollkommen auch von ihren gegenwärtigen Hütten. Der einzige Unterschied besteht darin, daß die bereits zum Christenthume bekehrten Indier, die man in jeder Rücksicht zu einem ordentlichen und civilisirten Leben anleitet, sich ordentliche Häuser machen, wie das civilisirte Landvolk dieses Welttheils. Allein die heidnischen Indier machen sich noch immer, nach Art ihrer Vorfahren, sehr elende kleine Hütten. Sie stecken lange dünne Stangen in der Runde in die Erde, und biegen und binden sie bogenförmig zusammen; dann bedecken sie dieses schwache Gerüst mit großen Birkenrinden oder mit Matten, die sie auf einer Art von Schilf verfertigen, oder mit Büffelhäuten, und binden sie rundherum an die Stangen. Am Gipfel lassen sie eine Oeffnung, die ihnen als Fenster und zugleich als Rauchfang dient. An einer Seite lassen sie eine andere Oeffnung, durch die sie aus und eingehen. In der Mitte der Hütte wird ein beständiges Feuer unterhalten, um welches die Indier auf Matten oder auf Baumrinden sitzen oder liegen, und Taback rauchen. In diesen armseligen Hütten raucht es oft so stark, daß kaum einer den andern sieht.

Die Indier wohnen nie lange in dem nämlichen Orte. Zu verschiedenen Jahreszeiten halten sie sich in verschiedenen Oertern auf, wo sie eine bessere Jagd oder einen ergiebigern Fischfang finden. Wenn sie von einem Orte zum andern übersiedeln, packen sie ihr ganzes Hab und Gut sammt ihrem Hause in einen Kahn, und ziehen dahin, wo sie einen ergiebigern Lebensunterhalt zu finden hoffen. Im Winter laden sie alles auf kleine Schlitten, die sie manchmahl von ihren Hunden ziehen lassen.

In einer einzigen elenden kleinen Hütte wohnen oft drei oder vier Familien nebst einer Anzahl von Hunden, die die Indier theils zur Jagd, theils zur Nahrung aufziehen. Die Trägheit und Sorglosigkeit der Indier ist so groß, daß sie sich lieber den größten Unbequemlichkeiten unterziehen, als eine kleine Arbeit verrichten, wodurch sie sich in eine bequemere Lage versetzen könnten.

Wenn die Indier, einen feindseligen Stamm in ihrer Nachbarschaft haben, halten sie sich in großer Menge beisammen, und bauen ihre Hütten nahe aneinander. Zuweilen umgeben sie ihr ganzes Dorf mit zwei oder drei Reihen von zehn bis zwölf Schuh hohen Palisaden, welches ihnen eine ziemlich gute Festung gibt. In der Mitte einer solchen Festung befindet sich allezeit ein großer Platz, in dessen Mitte oft ein großes Feuer angezündet wird, um welches sie ihre Kriegs- und Opfertänze verrichten.

Das Hausgeräth der Indier ist äußerst armselig. Sie haben weder Tische noch Stühle in ihren Hütten, sondern sitzen und essen auf dem Boden. Ein Indier kann sehr leicht den ganzen Tag auf dem Boden sitzen, was für einen Europäer, der an Stühle gewöhnt ist, eine große Pein wäre. Sie haben keine Bettstätten und auch keine Betten, sondern liegen immer auf dem bloßen Boden, oder auf Matten, und haben auch im strengsten Winter selten mehr als eine einzige, oft sehr abgenützte Decke auf sich. Dagegen unterhalten sie die ganze Nacht ein großes Feuer in ihren Hütten, und wer in der Nacht der erste erwacht, muß Holz aufs Feuer legen.

Auch rücksichtlich des Hausgeräthes findet ein großer Unterschied zwischen den christlichen und den heidnischen Indiern statt. Die Hütten und Häuser der christlichen Indier sind beinahe ebenso eingerichtet, wie die Häuser der civilisirten Landbewohner. Sie haben Tische, Stühle und Bettstätten in ihren Wohnungen. Jedoch sieht man oft, wie die alten Indier einen bequemen Stuhl verlaßen, und sich auf den Boden setzen, weil sie es, vermöge ihrer Gewohnheit von Kindheit auf, bequemer finden, auf dem Boden als auf einem Stuhle zu sitzen. Sie thun oft das Nämliche, wenn sie in die Häuser civilisirter Leute kommen. Wenn man ihnen einen Stuhl anbiethet, so nehmen sie ihn zwar an, und setzen sich darauf; allein bald verlassen sie ihn, um sich auf den Boden zu setzen.

Das Geschirr der Indier ist sehr einfach. Ihre Schüsseln (besonders höher im Norden) sind gewöhnlich auf Birkenrinden verfertiget, die sie mit feinen Wurzeln einer gewissen Staude zusammen nähen, und die Naht mit Pech überstreichen, um so ihr Geschirr wasserhältig zu machen. Sie machen sich auch hölzerne Schüsseln, so wie auch hölzerne Löffel, worin einige Indier sehr geschickt sind. Ihr ganzes Kochgeschirr besteht aus ein Paar Kesseln von Weißblech oder Gußeisen. Ehe die Europäer unter sie kamen, hatten sie irdenes Kochgeschirr, wie man aus den Stücken ersieht, die man hie und da in diesem Lande ausgräbt. Die nördlichern Indier haben noch gegenwärtig Kessel auf Baumrinden, in welchen sie kochen. Sie machen nämlich Steine glühend und legen sie in den Kessel, und wenn die Steine etwas abgekühlt sind, nehmen sie sie heraus, und legen andere glühende hinein, welches sie so lange wiederhohlen, bis das Wasser siedet, und was sie kochen wollen, gekocht ist. Mehrere Augenzeugen, die viele Jahre im Dienste der nördlichen Pelzhändler waren, versicherten mich, daß die Indier auf diese Art ihre Lebensmittel in kurzer Zeit kochen können. Vor der Ankunft der Europäer nach Nord-Amerika kannten die hiesigen Indier den Gebrauch des Eisens nicht, sie bedienten sich daher harter Steine zu Verfertigung ihres einfachen Geschirres. Sie wußten diese Steine so zu schärfen, daß sie sich damit auch ihre Bogen und Pfeile machen, und sogar ihre Haare schneiden konnten. Gegenwärtig, da die Pelzhändler die Indier überall aufsuchen, um ihnen gegen ihr kostbares Pelzwerk die zur Bequemlichkeit des Lebens nothwendigen Artikel auszutauschen, haben die Indier überall die nothwendigsten eisernen Werkzeuge, als: Aexte, Messer, Scheren, Feuerzeuge und Schießgewehre.

Die Nahrung der Indier ist gegenwärtig im Allgemeinen die nämliche, wie sie es vor der Ankunft der Europäer war. Noch jetzt sind Jagd und Fischerei die vorzüglichsten Nahrungszweige der Indier, wie sie es ursprünglich waren. Der Feldbau wird von den Indiern sehr wenig betrieben, ausgenommen von bekehrten und ein wenig civilisirten Indiern, die oft sehr ausgedehnte Felder haben.

Es gibt ganze indische Stämme im Westen und Norden von Amerika, die gar keinen Feldbau treiben, sondern einzig nur von der Jagd und Fischerei leben. Aber auch in den Stämmen, die Feldbau treiben, gibt es sehr viele Familien, die nie ein Feld bebauen, obwohl sie gutes Erdreich besitzen, und auch Beispiele von Feldarbeiten ihrer Stammesgenossen vor Augen haben, welches nur ihrer gränzenlosen Trägheit zuzuschreiben ist. Die Indier trieben einen kleinen Feldbau auch schon vor der Ankunft der Europäer in dieses Land. Die Geschichte der nord=amerikanischen englischen Colonien meldet, daß die Colonisten bei ihrer Ankunft manchmahl verborgenen türkischen Weitzen (Mais) fanden, welchen die Indier auf ihren klei= nen Feldern erzeugt hatten.

Türkischer Weitzen oder Mais (Kukuruz), Erdäpfel und Kürbisse sind die Haupterzeugnis= se ihres Ackerbaues, oder vielmehr ihre einzigen Erzeugnisse, denn nur aufnahmsweise findet man in manchen Gegenden Bohnen oder Erbsen auf den Feldern der Indier, jedoch nie Weit= zen oder Korn u. d. g. So weit rückten sie in der Agricultur noch nicht fort.

Ihr ganzes Feldbaugeräth ist eine Haue, mit welcher sie die Erde ein wenig auflockern, und kleine Gruben darein machen, in welche sie einige Körner türkischen Weitzens oder ein Paar kleine Erdäpfel einscharren.

Sie haben keine Scheuern und keine Keller, um ihre Producte aufzubewahren, sondern die indischen Weiber flechten Säcke auf der innern Rinde der Lindenbäume (Lindenbast), welche sie mit ihren Felderzeugnissen anfüllen, und dann in die Erde vergraben.

Da sie keine Mühlen haben, um ihren türkischen Weitzen zu mahlen, machen sie sich Stampfen auf Baumstämmen, in welchen sie ihn mit hölzernen Stößeln sehr dünn zerstoßen. Ihre Stampfen sind noch gegenwärtig von der nämlichen Form, als sie es zur Zeit der An= kunft der Europäer waren, zufolge der Beschreibungen, die die ersten Colonisten davon geben, und auch die Art, sie zu verfertigen, ist noch immer die ursprüngliche. Sie nehmen nämlich ein Stück von einem Baumstamme, etwas über zwei Schuh lang und einen Schuh im Durchmes= ser, und brennen mittelst glühender Kohlen, die sie immer frisch auflegen, an einem Ende ein breites und tiefes Loch hinein, und das ist ihre Stampfe. Sie stampfen sich ihren türkischen Weitzen nie für mehrere Tage voraus, sondern für jede Mahlzeit insbesondere, und wenn sie auf die Reise gehen, nehmen sie ihre Stampfe mit, wenn sie in Kähnen reisen.

Die Indier haben keine geregelten Mahlzeiten, und sie essen auch selten alle zusammen. Früh Morgens wird ein Kessel voll von gestampften türkischen Weitzen, Fischen oder Fleisch, oder was sie haben, gekocht, hierauf in der Hütte an einen bestimmten Ort gestellt, und jeder nimmt dann davon, soviel er will und wann er will. Sie essen alles ungesalzen, es gibt weni= ge Indier, die sich an's Salz gewöhnt haben, wenn sie viel mit Weißen umgegangen sind. Auch ist es ihnen alles eins, ob ihre Speisen warm oder kalt sind. Oft sieht man sie, besonders auf Reisen, ihre Speisen siedend heiß verschlingen, wie sie kein Europäer in seinem Munde ertragen könnte, dagegen sieht man sie aber auch ihren Kessel beim Einschiffen in den Kahn stellen, auf welchem sie den Tag hindurch essen, wo ihre Speise oft mit Eis vermischt ist, be= sonders im Frühjahre, wenn es noch kalte Morgen gibt, oder im Spätherbste, wenn es schon zu gefrieren anfängt.

Es ist unglaublich, wie viel ein Indier auf einmal essen kann; dagegen ist es aber auch bewunderungswürdig, wie lange ein Indier ohne Nahrung seyn kann, ohne sich viel darauf zu machen. Fünf, sechs bis zehn Tage ohne alle Nahrung seyn, ist nichts seltenes unter den Indiern. Ich kenne hier einen jungen Indier, welcher sich vor einigen Jahren im Walde verlor, als er mit seinem Vater auf einer Reise war. Sein Vater gab sich mehrere Tage hindurch alle mögliche Mühe, ihn zu finden, aber vergebens. Endlich setzte er seine Reise fort, und kam nach Hause. Er erzählte den Unglücksfall, und mehrere junge Indier, seine Verwandten, entschlossen sich, den Knaben suchen zu gehen. Sie suchten ihn mehrere Tage hindurch, allein gleichfalls vergebens.

Endlich gaben sie alle Hoffnung auf, den Knaben zu finden, und gingen nach Hause. Mehrere Tage darauf ging der Vater des Knaben auf die Jagd, und ging sehr weit herum. Eines Tages kam er in die Gegend, wo er seinen Sohn verloren hatte, und wünschte wenigstens seinen Leichnam zu finden, um ihn zu begraben, allein statt des Leichnams fand er den Knaben selbst, der noch am Leben war. Er saß auf einem Baumstamme und blickte starr auf den Boden. Sie berechneten die Tage seit seiner Verirrung, und fanden, daß er 20 Tage fast ohne alle Nahrung im Walde zugebracht hatte.

Die Indier essen Vieles, wovor alle civilisirten Völker Ekel haben. Sie essen nicht nur Hunde und Katzen, sondern auch Wölfe und Aas. Wenn sie einen todten Fisch auf der Oberfläche des Wassers oder am Ufer finden, verzehren sie ihn ohne Ekel; so wie auch alle todten Thiere, die sie in den Wäldern finden, obwohl sie oft einen unausstehlichen Gestank von sich geben. Von allem dem habe ich mich oft auf meinen Missionsreisen überzeugt. Die bekehrten Indier werden jedoch von allem dem abgehalten.

Butter, Milch und Käse essen die Indier nie; es gibt sehr wenige, die ein wenig von diesen Artikeln verkosten, wenn man sie ihnen anbiethet.

Ein bedeutender Nahrungszweig der nord-amerikanischen Indier ist der wilde Reis, den sie im Herbste in einigen Gegenden in so großer Menge einsammeln, daß sie den ganzen Winter und Frühling hindurch größtentheils davon leben. Einen großen Ueberfluß davon findet man besonders an den Ufern der Flüsse, die sich in den See Superior ergießen. An den Ufern der nördlichern Seen und Flüsse ist er auch sehr häufig. Der wilde Reis sieht beinahe aus wie Hafer, nur ist er nicht gelb sondern grün, selbst wenn er trocken ist. Dieser Reis ist eine gute, jedoch sehr leichte und unausgiebige Nahrung. Ich finde, daß er beinahe den nämlichen Geschmack hat, wie unsere Gerste.

Die Jagd ist auch ein bedeutender Nahrungszweig der Indier. Jedoch leben jene, die sich bloß auf die Jagd verlassen, sehr elend, und gerathen oft in die peinlichste Hungersnoth, in welcher sie sich nicht selten untereinander aufzehren; und viele verhungern auch. (Von der Jagd der Indier wird später was Mehreres gesagt werden.)

Jene Indier, die an den Ufern der großen nord=amerikanischen Landseen wohnen, leben fast ausschließlich vom Fischfange. Diese Seen sind außerordentlich fischreich. Im See Superior gibt es Stellen, wo zu gewissen Zeiten zwei Indier in einem Kahne in zwei oder drei Morgenstunden manchmahl bis fünfhundert große Fische fangen. Der eine leitet den Kahn, und der andere steht im Vordertheile des Kahnes mit einem Netze, mit welchem er beständig schöpft. (Auch von der Fischerei kommt weiter unten was Mehreres vor.)

Als ein bedeutender Nahrungszweig der Indier, obwohl nur während kurzer Zeit, muß auch der wilde Zucker, welchen sie auf dem Safte der Zuckerbäume zu bereiten wissen, erwähnt werden. Sie sind ungefähr zwei Monate in den Zuckerhütten, und während dieser Zeit nähren sich die Indier in einigen Gegenden, besonders die Kinder, fast ausschließlich vom Zucker und Syrup. Meiner Beurtheilung nach, wäre es für einen Europäer, der an diesen Zucker nicht gewohnt ist, gerade unmöglich, sich ausschließlich damit nur zwei oder drei Wochen am Leben zu erhalten; denn wenn man davon nur eine etwas bedeutendere Menge genießt, empfindet man ein peinliches Brennen im Magen, und eine unausstehliche Bitterkeit und Trockenheit im Munde. Man muß wirklich von Kindheit auf an diesen Zucker gewohnt seyn, um davon leben zu können. Jedoch hat er im Kaffeh oder Thee den nämlichen Geschmack, als der weiße Zucker, und er wird von den Weißen sehr gesucht. Da die Indier viel mehr Zucker erzeugen, als sie davon während der Zuckerzeit verzehren können, so vertauschen sie den Ueberrest an die Pelzhändler, die ihnen andere Lebensmittel, so wie auch Decken, Kleidungsstücke, Schießgewehre u. dgl. dafür geben; daher wird der wilde Zucker mit Recht als ein bedeutender Nahrungs= und Erwerbszweig der Indier angesehen.

Die Otawa=Indier, die überhaupt die arbeitsamsten sind, erzeugen auch am meisten Zucker. Es gibt indische Familien zu Arbre=croche, welche in manchen Jahren zu 2000 Pfund Zucker erzeugen. Die Otschipwe=Indier sind ziemlich fleißige Zucker=Erzeuger; allein je mehr man gegen Norden und Westen geht, desto weniger Zucker findet man unter den Indiern, theils weil sie in einigen Gegenden keine Zuckerbäume haben, theils auch, weil sie sich die Mühe nicht geben wollen, ihn zu erzeugen.

Die Indier machen ihren Zucker in den zwei Monaten März und April. In den südlichen Gegenden von Nord=Amerika beginnt die Zuckerzeit schon um den 10. oder 15. Februar, sie hört aber auch verhältnißmäßig früher auf. Jeder Indier wählt sich einen Platz, wo er seinen Zucker machen will, wo es nämlich viele Zuckerbäume beisammen gibt, und macht sich in der Mitte derselben eine Hütte, ungefähr 20 Schuh lang und 14 Schuh breit. Der Gipfel der Hütte bleibt ganz offen, von einem Ende zum andern, um den Rauch auf der Hütte zu leiten, denn es wird fast nach der ganzen Länge der Hütte ein starkes Feuer Tag und Nacht unterhalten. Die Hütte hat an jedem Ende eine Thür, und an den Seiten der Hütte haben die Indier ihr ganzes Hab und Gut, denn ihre Zuckerhütte dient ihnen zugleich als Wohnung.

Sobald die Hütte fertig ist, werden die übrigen Vorbereitungen gemacht; es wird nämlich Holz im Voraus gefällt, denn sie verbrennen eine ungeheure Menge Holz bei der Erzeugung des Zuckers; denn werden auf Birkenrinden Gefäße verfertiget, um den Saft der Zuckerbäume aufzufangen, und endlich werden Einschnitte in die Zuckerbäume gemacht, und in diese Einschnitte werden kleine längliche Stücke Holz von der Größe einer breiten Messerklinge eingesteckt, auf welchen der Saft der Zuckerbäume in die darunter gestellten Gefäße fließt. Die kleinern Zuckerbäume erhalten nur einen einzigen Einschnitt, in die großen machen sie ihrer drei oder vier. Sobald im Frühjahre die Erde und die Bäume aufzuthauen anfangen, fängt auch der Saft der Zuckerbäume an zu fließen. Zuweilen tropft er nur, zuweilen fließt er in kleinen Strömen. Gewöhnlich fließt er nur am Tage, sehr selten in der Nacht. Am häufigsten fließt er, wenn es in der Nacht ein wenig gefriert, und den Tag darauf die Sonne scheint. Wenn es mehrere Tage und Nächte nach einander warm ist, hört das Zuckerwasser gänzlich auf zu fließen, bis es wieder einmahl in der Nacht gefriert.

Wenn die untergestellten Gefäße voll sind, wird das Zuckerwasser in eigene sehr große Gefäße oder Tröge, welche die Indier auf großen Baumstämmen machen, gesammelt, und dann in großen Kesseln, deren zuweilen 12, 15 bis 20 auf einmahl über dem Feuer hängen, so lange gesotten, bis die wässerigen Theile des Zuckersaftes ausdünsten, und ein dicker brauner Syrup in den Kesseln übrig bleibt. Dieser Syrup wir darauf auf mehreren Kesseln in einen gegossen, wo er wieder so lange siedet, bis er ganz dicht wird. Dann wird er mit großen hölzernen Löffeln in sehr große hölzerne Schüsseln geschöpft, und in den Schüsseln so lange gerührt, bis er abkühlt, und zugleich zu einem weißlich-gelben Pulver wird, welches der indische Zucker ist. Dieser Zucker wird dann in große Schachteln auf Birkenrinden, zu 50, 80 bis 100 Pfund eingepackt, und ein Deckel wird darauf genähet.

Das Zuckerwasser ist klar wie Quellenwasser, und hat einen ungemein angenehmen Geschmack, allein je mehr man davon trinkt, desto durstiger wird man.

Gegen den 15. oder 20. April hört der Saft der Zuckerbäume ganz auf zu fließen, und die Indier verlassen ihre Zuckerhütten.

Man findet die Bemerkung in einigen englischen Schriftstellern, daß die nordamerikanischen Indier überhaupt, besonders aber jene der mehr barbarischen Stämme, Menschenfresser oder Cannibalen sind; allein sie sind nichts weniger als Cannibalen, sie haben einen großen Abscheu vor dem Genuße des Menschenfleisches. Die Veranlassung zu dieser Behauptung gaben wahrscheinlich einige einzelne Beispiele, die man hat, daß die Indier Menschenfleisch aßen; allein dieß geschah allezeit nur in der höchsten Hungersnoth, wo dem Einen das Leben geraubt wurde, um mehrern Andern ihr Leben zu erhalten. Man hat dergleichen Beispiele auch unter civilisirten Völkern, die deßwegen doch nicht Cannibalen zu nennen sind.

Ein trauriges Beispiel dieser Art ereignete sich vor vielen Jahren hier in Nord=Amerika. Eine Indierinn unternahm in einem strengen Winter eine weite Reise, um einige ihrer Verwandten zu besuchen. Als sie ihre Reise begann, war der Schnee schon tief, sie ließ jedoch von ihrem unbesonnenen Vorhaben nicht ab, und das Unbesonnenste dabei war, daß sie alle ihre Kinder, drei an der Zahl, mit sich nahm. Sie reiseten mit vielen Beschwerden durch den tiefen Schnee, und lebten sehr ärmlich, denn sie hatten sehr wenig Lebensmittel mit sich. Als sie schon mehrere Tagreisen weit gekommen waren, fiel eine so große Menge Schnee, daß sie nicht mehr weiter gehen konnten. Das Weib machte nun eine Hütte auf Baumästen, zündete ein gutes Feuer in der Mitte an, und beschloß ein besseres Wetter da abzuwarten, oder bis der Schnee gefrieren und so hart werden würde, daß sie darauf ihre Reise fortsetzen könnte. Ihre Lebensmittel, obwohl sie täglich nur einen sehr kleinen Theil davon verzehrte, gingen endlich ganz auf. Sie war nun genöthiget, Moos, Wurzeln, Kräuter und Baumrinden zu kochen, um sich und ihre Kinder am Leben zu erhalten.

So elend auch dieser Unterhalt war, so hätte sie doch damit selbst bis zum Frühjahre ihr Leben erhalten können; allein es fing wieder an zu schneyen, und schneyete so lange, bis der Schnee sechs Schuh hoch war. Nun konnte sie nichts mehr zu ihrem Unterhalte finden, es erforderte auch ihre ganze Zeit und Kraft, um nur Holz genug zur Unterhaltung ihres Feuers herbeizuschaffen. Ueberdieß umgaben hungrige Wölfe Tag und Nacht ihre Hütte, und hielten sie und ihre Kinder mit ihrem furchtbaren Geheule in beständiger Furcht, von ihnen zerrissen zu werden.

In dieser schaudervollen Lage, nachdem sie mit ihren Kindern schon mehrere Tage ohne alle Nahrung zugebracht hatte, und in offenbarer Gefahr war, sammt ihnen zu verhungern, beschloß sie, eins ihrer Kinder zu tödten, um dadurch sich selbst und ihre übrigen zwei Kinder am Leben zu erhalten. Nach langer peinvoller Ueberlegung wählte sie endlich das kleinste, und versetzte ihm, mit einem Schreie der Verzweiflung, den Todesstreich. Sie hatte nun zwar einen Unterhalt, und konnte noch lange Zeit dem Hungertode widerstehen, in der Hoffnung, daß entweder eine Veränderung im Wetter vorfallen, oder ein indischer Jäger sie finden und retten werde. Allein ihre Gefahr, von den Wölfen zerrissen zu werden, nahm nun zu. Die Wölfe, die von dem Geruche des gerösteten Menschenfleisches noch in größerer Menge herbeigelockt wurden, bestürmten so wüthend die kleine Hütte, daß sie nur durch Feuerbrände, die sie beständig unter sie warf, von dem Eindringen in die Hütte abgehalten werden konnten.

Nun ging auch der grauenvolle Vorrath, den sie sich verschafft hatte, auf; und sie befand sich wieder in der nämlichen schaudervollen Lage, wie vorher, die durch die zunehmende Wuth der Wölfe auch immer schaudervoller wurde. In dieser höchsten Noth ging sie schon mit dem Gedanken um, auch ihr zweites Kind zu schlachten, und war schon daran, es zu thun, als sie plötzlich eine menschliche Stimme vernahm. Es waren zwei Indier, die auf Schneeschuhen gerade auf ihre Hütte zukamen. Sie empfing ihre Retter mit unaussprechlicher Freude. Sie

machten ihr in Eile auch ein Paar Schneeschuhe, nahmen ihre zwei Kinder, die ganz ausge-
zehrt waren, in ihre Arme, und erreichten in einigen Tagen die Wohnung der Verwandten
des Weibes.

Man hört noch heut zu Tage häufige Beispiele von dergleichen Fällen der höchsten Noth,
wo sich die Indier unter einander tödten und aufzehren. Jedoch haben sie selbst einen großen
Abscheu davor, und thun es nie, außer in der äußersten Hungersnoth.

Reisende, die auf dem höhern Norden kommen, wo sie mehrere Jahre unter den Indiern
gelebt haben, bezeugen einstimmig, daß die Indier, selbst im barbarischen Norden, es als eine
schändliche Makel in dem Character eines ihrer Cameraden betrachten, wenn es von ihm bekannt wird, daß er Menschenfleisch gegessen hat. Sie bezeugen auch, daß ein Indier, der einmahl Menschenfleisch verkostet hat, von den übrigen Indiern als ein gefährlicher Mensch betrachtet wird, vor dem man sich hüthen muß, weil er das, was er einmahl gethan hat, bald
wieder thun könnte. Sehr oft geschieht es, daß sie jene tödten, von denen es bekannt wird, daß
sie Menschenfleisch gegessen haben.

Ein gelehrter Reisender erzählt ein schaudervolles Ereigniß dieser Art, welches auf der
nördlichen Seite des Sees Superior vorfiel. Er bezeuget nämlich, daß er auf seiner Reise
durch Nord-Amerika, einige Zeit am nördlichen Ufer dieses Sees bei den dortigen Fischern
zubrachte. Die Fischergesellschaft bestand aus Canadiern und Indiern. Eines Tages kam ein
junger Indier ganz allein aus dem Walde, und gesellte sich zu ihnen. Er berichtete, daß die
Familie, zu welcher er gehört, im Walde zurückgeblieben sey, weil sie alle vor Hunger so
schwach seyen, daß es ihnen nicht möglich wäre, weiter zu reisen. Das Aussehen des jungen Indiers war schauderlich, und sein Athem so übelriechend, daß niemand in seiner Nähe bestehen
konnte. Die Indier fingen an, einen starken Verdacht gegen ihn zu haben, daß er Menschenfleisch gegessen, und seine Familie, von welcher er sagte, daß er sie im Walde gelassen, aufge-
zehrt habe. Die ganze Gesellschaft gerieth in Aufruhr. Sie fingen nun an, den Ankömmling
strenge zu befragen, ob er nicht etwa Menschenfleisch gegessen habe. Er läugnete es zwar, allein so, daß der Verdacht der Fischer nur noch zunahm. Die Indier beschloßen sich davon zu
überzeugen, und verfolgten am folgenden Tage so lange seine Spur auf dem Schnee, bis sie
zu der Stelle kamen, wo er übernachtet hatte, ehe er zu ihnen kam. Sie fanden dort eine
frische menschliche Hand und eine Hirnschale. Nun bedurften sie keiner fernern Beweise, sie
kehrten sogleich zurück, zeigten ihm diese traurigen Ueberreste seines barbarischen Mahles, und
er gestand seine Greuelthaten.

Er erzählte nun, daß die Familie, zu welcher er gehörte, aus seinem Onkel und seiner
Tante nebst ihren vier Kindern bestand. Eines ihrer vier Kinder war ein Knabe von 15 Jahren. Er erzählte ferners, daß sein Onkel, nachdem er auf mehrere Thiere gefeuert, aber alle
verfehlt habe, endlich so muthlos wurde, daß er sein Weib bath, sie möchte ihn tödten. Sie
wollte jedoch dieß nicht thun. Allein die zwei Jünglinge, nämlich der Sohn und der Neffe des

unglücklichen Mannes, beschloßen ihn zu tödten, da sie bereits in die peinlichste Hungersnoth gerathen waren. Sie thaten dieß, und nährten sich einige Zeit von seinem Leichname. Als sie ihren Vater und Onkel verzehrt hatten, tödteten sie nach und nach alle Kinder des unglücklichen Mannes.

Endlich, da sie noch immer kein Wild erlegen konnten, beschloßen sie mit dem Reste des Menschenfleisches, welches sie noch hatten, nach dem See Superior zu gehen, um da zu fischen. Sie überließen das arme Weib, ihre Mutter und Tante, die so schwach war, daß sie nicht mit ihnen gehen konnte, ihrem schaudervollen Schicksale, und traten ihre Reise an. Die Reise war lang, sie hatten ihren Vorrath bald verzehrt, und geriethen wieder in große Hungersnoth. Nun tödtete der barbarische Indier auch noch seinen letzten Gefährten, den fünfzehnjährigen Knaben, und die Hand und die Hirnschale, die die Indier fanden, waren die letzten Ueberreste seines Leichnams.

Die Indier erschauderten bei der Erzählung dieses unglücklichen Menschen, der sich zwar mit der äußersten Noth, in welcher er sich befand, entschuldigte; allein sie hatten doch einen außerordentlichen Abscheu vor ihm. Sie beschloßen ihn zu tödten, daher schlich sich ein Indier heimlich hinter ihn, als er in einer Hütte saß, und spaltete ihm mit einer Axt das Haupt.

# Viertes Hauptstück.

## Kunsterzeugnisse der nord-amerikanischen Indier.

Ehe die Europäer in dieses Land kamen, kannten die Indier den Gebrauch des Eisens nicht. Sie machten sich alle ihre Werkzeuge, so wie auch ihre Waffen, auf harten Steinen oder auf Knochen von Thieren.

Ihre Axt war ein länglicher Stein, der an einem Ende geschärft, und am andern zwischen zwei Hölzer fest gebunden wurde. Sie schärften diese Steine an Schleiffsteinen, deren es in Nord-Amerika überall in Menge gibt. Sie konnten damit zwar nicht Bäume umhauen, jedoch konnten sie dürre Baumstämme, die auf dem Boden lagen, sehr gut damit spalten. Die nördlichern Indier, die selten von den Weißen besucht werden, haben noch jetzt Aexte dieser Art.

Ihre Messer bestanden gleichfalls auf Steinen, so wie auch ihre Pfeile und Speere.

Die Kunsterzeugnisse der alten Indier waren sehr einfach und roh; jedoch muß man sich verwundern, daß sie selbst das machen konnten, was sie machten, wenn man die Werkzeuge betrachtet, deren sie sich bedienten. Sie machten allerlei kleines Hausgeräth, so wie auch Bogen und Pfeile, Schneeschuhe, Schlitten und sogar Kähne mit ihren steinernen Instrumenten.

Die Kähne der alten Indier bestanden auf einem großen aufgehöhlten Baumstamme, und waren gewöhnlich 20 bis 30 Schuh lang, und gegen drei Schuh breit. Es war allerdings eine schwere Aufgabe, einen solchen Kahn mir den so eben genannten Werkzeugen zu verfertigen. Da sie einen großen Baum mit einer steinernen Axt nicht umhauen konnten, machten sie ein kleines Feuer[6] um den Stamm des Baumes, und verhütheten es, daß nicht der ganze Baum in Feuer gerieth. Mit diesem Feuer und mit Hülfe der Steinaxt brachten sie nach langer Arbeit den Baum auf den Boden; dann brannten sie ihn wieder an jener Stelle durch, die ihnen die verlangte Länge des Kahnes anzeigte. Darauf hoben sie den Block ein wenig von der Erde, legten einige Stücke Holz darunter, und fingen an, ihn auszuhöhlen. Dieses geschah wieder mittelst eines kleinen Feuers und der Steinaxt. Daß ein Kahn dieser Art sehr plump gewesen sehn mußte, kann man sich leicht vorstellen, er entsprach jedoch vollkommen seinem Zwecke. Die Indier unternahmen oft weite Reisen in solchen Kähnen, und bedienten sich ihrer auch zum Fischfange; nur waren die Fischerkähne viel kleiner und leichter.

Die neuern Indier, besonders jene, die an den Ufern großer Landseen wohnen, und die nun alle nothwendigen eisernen Werkzeuge haben, machen eine Art von Kähnen, welche, wenn ein Fremder sie zum ersten Mahle sieht, Bewunderung in ihm erregen. Sie sind auf großen und starken Birkenrinden gemacht, die mit starken Wurzeln einer Staude zusammen

---

[6] Die alten Indier, die den Gebrauch des Eisens, und daher auch des Stahles nicht kannten, bedienten sich eines Stückes weichen, und eines Stückes harten Holzes, um Feuer zu machen. Die nördlichern Indier machen noch gegenwärtig auf diese Art Feuer, und Augenzeugen versichern, daß sie es in einem Augenblicke machen können.

genähet werden, und die Naht wird mit Pech überzogen, damit kein Wasser eindringen kann. Der obere Rand des Kahnes besteht aus zwei starken Stangen vom leichten Holze, an welche die Birkenrinden fest angenähet sind. Inwendig wird der Kahn mit breiten Holzspänen von der Dicke eines Messerrückens, und mit breiten Halbreifen vom leichten Holze ausgefüttert, damit die Birkenrinden nicht brechen, wenn man etwas einschifft.[7]

Diese Kähne entsprechen vollkommen allen ihren Zwecken. Denn erstlich ist es nothwendig, wenn man im Innern von Nord-Amerika in Kähnen reiset, von Zeit zu Zeit Tragplätze (portages) zu passiren, um auf einem Flusse, wenn er nicht mehr schiffbar ist, in einen andern zu gelangen, und seine Reise wieder zu Wasser fortsetzen zu können. Auf diese Art kann man in ganz Nord-Amerika Tausende von Meilen nacheinander immer zu Wasser reisen, ausgenommen die Tragplätze, die gewöhnlich sehr kurz sind, und oft kaum eine Viertelstunde Weges betragen. Wenn nun die Indier, (so wie auch die Handelsleute dieses Landes,) auf ihren Reisen zu einem solchen Tragplatze kommen, übertragen sie nicht nur ihre Ladung, sondern auch ihren Kahn bis zum nächsten Flusse. Diese Kähne sind so leicht, daß zwei Indier einen großen Kahn von 30 Schuh Länge und 5 Schuh Breite leicht tragen können. Einen mittelmäßigen Kahn dieser Art, ungefähr 12 Schuh lang und drei Schuh breit, kann ein einziger Mann bequem tragen.

Ferners sind diese Kähne im Stande, größere Lasten zu tragen, als die plumpen hölzernen Kähne der alten Indier. Ein großer Kahn auf Birkenrinden kann eine Last von 40 bis 50 Centner tragen, (die Personen mitgerechnet). Wenn die Indier einen Kahn stark beladen wollen, legen sie 15 bis 20 lange Stangen auf den Boden des Kahnes, um den Druck der Last nach allen Seiten gleichförmig zu vertheilen.

Endlich können die Indier in diesen leichten Kähnen viel schneller fahren, als in den schwerfälligen hölzernen Kähnen. In den größern Kähnen haben die Indier einen kleinen Mastbaum und ein Segeltuch, ungefähr 15 Schuh hoch und 12 Schuh breit, mit dessen Hülfe sie bei einem günstigen Winde 50 bis 60 Meilen in einem Tage zurücklegen können. Diese Kähne sind auch viel sicherer im stürmischen Wetter auf diesen großen Seen, als die hölzernen Kähne. Obwohl die Stürme auf dem großen See Michigan und auf dem noch größern See Superior ungemein heftig sind, ist doch in einem Kahne von Birkenrinden keine Gefahr des Unterganges, wenn man ihn nur recht zu leiten weiß, worin die Indier große Meister sind.

Wenn die Indier mit ihren Kähnen nahe an's Ufer kommen, gebrauchen sie viele Vorsicht, um mit ihrem gebrechlichen Fahrzeuge, nicht an einen Stein zu stoßen. Wenn das Ufer steinig ist, so bleiben sie in einer ziemlichen Entfernung vom Ufer stehen, springen in's Wasser, und entladen so den Kahn, ohne ihn an's Ufer stoßen zu lassen. Haben sie Europäer als Reisende in ihren Kähnen, so tragen sie sie auf dem Rücken an das Ufer. Wenn die ganze Ladung auf dem

---

[7] Ein kleiner Kahn dieser Art, verfertigt von einem Indier des Otschipwe-Stammes, befindet sich im Musäum zu Laibach, wie auch ein Paar indische Schneeschuhe.

54

Ufer ist, heben sie den Kahn, und tragen ihn auf ihren Händen an das Ufer, wo sie ihn sehr vorsichtig auf den Boden stellen.

Stoßen sie mit diesen Kähnen unversehens an einen Stein, so bricht die Birkenrinde, und das Wasser fängt an einzudringen. Sie sind genöthiget, in aller Eile an's Ufer zu fahren, und den Kahn aufzuladen. Dann zünden sie ein Feuer an, trocknen die beschädigte Stelle des Kahnes, nähen ein Stück Birkenrinde darauf, (wie man mit einem Stücke Tuch ein Loch in einem Kleide aufbessert,) verpechen die Naht, und setzen ihre Reise wieder fort. Die Indier unternehmen daher nie eine Reise zu Wasser, ohne Stücke von Birkenrinden und Pech mitzunehmen.

Die Siu=Indier und überhaupt jene Indier, die sich in Gegenden aufhalten, wo es viele Büffelochsen gibt, verfertigen ihre Kähne auf Büffelhäuten. Das Gerippe dieser Kähne ist beinahe das nämliche, als jenes der Kähne auf Birkenrinden. Die Kähne auf Büffelhäuten haben den Vortheil, daß sie nicht so zerbrechlich sind, als jene auf Birkenrinden.

Eine andere sehr sinnreiche und nützliche Erfindung der nord=amerikanischen Indier sind die Schneeschuhe, ohne welche sie, besonders höher im Norden, wo der Schnee oft sechs bis acht Schuh hoch fällt, ihren Lebensunterhalt nicht finden könnten, denn sie wären nicht im Stande, die geringste Jagd zu machen, dagegen können sie auf ihren Schneeschuhen eben so bequem und schnell fortkommen, wenn der Schnee acht Schuh tief ist, als wenn er nur einen halben Schuh tief wäre. Wenn der Schnee nur ein wenig gesetzt ist, sinkt der Tritt nicht über zwei Zoll ein; selbst auf frisch gefallenem Schnee, wo man ohne Schneeschuhe sogleich bis zum Boden einsinken würde, sinkt man mit Schneeschuhen nicht viel mehr als drei Zolle ein.

Die Indier reisen sehr schnell auf Schneeschuhen. Ich habe Indier gesehen, die 50 Meilen Weges in einem Tage auf Schneeschuhen zurücklegten. Jedoch muß man von Jugend auf daran gewöhnt seyn, um darauf schnell fortkommen zu können. Ein ungeübter Europäer geht mit vieler Beschwerde auf indischen Schneeschuhen.

Ein Manns=Schneeschuh ist gegen vier Schuh lang, und in der Mitte einen Schuh breit. Die Umfassung des Schneeschuhes besteht auf einem starken krummen Reife auf hartem Holze. Inwendig sind zwei starke Querhölzer in die Seiten des Reifes befestiget, zwischen welche ein Flechtwerk auf Reh=Sehnen oder Streifen von Reh=Leder angebracht ist. Dieß macht den Schneeschuh leicht, und zugleich kann der Schnee, der etwa darauf fällt, leicht wieder durchfallen, und beschwert den Schneeschuh nicht. Der Fuß wird mit Lederstreifen an den Schneeschuh gebunden, jedoch so, daß man die Ferse bequem heben kann, und den Schneeschuh nur mit den Zähen fortschleppt.

Eine andere, obwohl minder sinnreiche, jedoch sehr nützliche Erfindung der Indier ist der sogenannte Hundsschlitten. Dieser Schlitten besteht auf einem dünnen, etwa sieben Schuh langen, und einen Schuh breiten Brette, welches vorn aufgebogen ist und auf jeder Seite werden einige kurze Stöcke in das Brett gesteckt, um das Gepäck, welches auf dem Schlitten fortgebracht werden soll, zu halten. Dieser schmale Schlitten ist in diesem Lande sehr nützlich, wo man immer durch Wälder reisen muß, und keine gebahnten Wege hat.

In diese Art von Schlitten spannen die Indier oft Hunde ein, (oft aber ziehen sie sie selbst fort). Es ist bewunderungswürdig, wie viel diese kleinen Thiere auf einem Schlitten fortschleppen können. Man sieht hier oft zwei erwachsene Personen auf einem Schlitten, und nicht mehr als zwei Hunde eingespannt, die sehr schnell den Schlitten fortziehen.

Noch häufiger als die Indier, bedienen sich die Canadier, die sich in diesem Lande mit dem Pelzhandel beschäftigen, des Hundsschlittens. Ein Paar starke und gut abgerichtete Hunde führen einen Mann mit ziemlich vielem Gepäcke, 45 bis 50 Meilen weit in einem Tage, und können es sechs oder sieben Tage nacheinander so aushalten, wovon ich mich selbst überzeugte, als diesen Winter, da ich dieses schreibe, ein Briefbothe in einem Schlitten mit zwei Hunden hier ankam, welcher 180 Meilen in vier Tagen zurückgelegt hatte, und seine Hunde waren so wenig erschöpft, daß er wohl noch mehrere Tage mit ihnen hätte reisen können. Er trat auch wirklich, nachdem er einen Tag gerastet hatte, seine Rückreise an.

Es gibt hier in Nord=Amerika eine große Menge von Rennthieren, und je weiter man gegen Norden geht, desto häufiger sind sie. Die nord=amerikanischen Indier haben jedoch niemahls von diesen, den Lappländern so ungemein nützlichen Thieren, jenen Gebrauch gemacht, welchen diese letztern davon machen. Dieses ist jedoch nur ihrer Trägheit und Sorglosigkeit zuzuschreiben, denn sie wurden von den Weißen oft dazu angeeifert, und wissen es, daß andere nördliche Völker einen sehr guten Gebrauch von diesen Thieren machen.

# Fünftes Hauptstück.

## Jagd der nord-amerikanischen Indier.

Da die Jagd die vorzüglichste Beschäftigung, und in einigen Stämmen der ausschließliche Nahrungszweig der Indier ist, so gewöhnen sie sich daran von Kindheit auf. Die alten Indier bedienten sich durchgehends nur des Bogens und der Pfeile zur Erlegung des Gewildes. Da sie kein Eisen im Gebrauche hatten, so befestigten sie scharfe spitzige Steine an ihre Pfeile; und da es in Nord-Amerika viele Kupferminen gibt, und man auch häufig gediegenes Kupfer[8] in den Wäldern und an den Ufern der Seen und Flüsse findet, bewaffneten die alten Indier ihre Pfeile mit Stücken von diesem Metalle.

In den neuern Zeiten bedienen sich die Indier fast allgemein der Schießgewehre; jedoch gibt es noch immer einzelne Indier, und im höhern Norden auch ganze kleine Stämme, die sich noch jetzt des Bogens und der Pfeile bedienen, und damit eben so viel, oder wohl auch mehr Gewild erlegen, als die südlichen Indier mit ihren Schießgewehren; denn es ist bewunderungswürdig, mit welcher Kraft die Indier einen Pfeil abschnellen, und mit welcher Sicherheit sie den beabsichtigten Gegenstand treffen.

Dieß ist aber auch ganz natürlich, denn die Indier sind in beständiger Uebung des Bogenschießens. Sobald der indische Knabe nur auf seinen kleinen Beinen stehen kann, macht ihm der Vater einen kleinen Bogen mit mehreren kleinen Pfeilen, mit welchen das Kind beständig schießt. Im Maße, als der Knabe größer wird, erhält er auch einen größern Bogen, endlich macht er sich seinen Bogen selbst, und ist stolz darauf einen starken und schönen Bogen zu haben, mit welchem er den ganzen Tag im Walde den Vögeln nachsteigt, und ihrer oft genug erlegt, um seinen Aeltern und Geschwistern ein gutes Nachtmahl zu verschaffen.

Vor mehreren Jahren nahm ein französischer Missionär einen nord-amerikanischen Indier mit sich nach Europa. Auf seiner Reise durch Frankreich kam er eines Tages auf das Landgut eines reichen Gutsbesitzers. Dieser hatte ein großes Vergnügen, einen Indier mit seinem Bogen und seinen Pfeilen in der Hand, zu sehen. Er hatte mehrere Pfauen auf seinem Landgute, die in bedeutender Entfernung herum standen. Der Gutsherr sagte nun dem Missionär, er möchte den Indier fragen, ob er wohl jenen Pfauen dort mit seinem Pfeile treffen könnte. Ein gutmüthiges Lächeln war die ganze Antwort des Indiers, der wahrscheinlich bei

---

[8] Ungefähr zwei Tagreisen von der Mission zum heil. Joseph am See Superior, befindet sich in einem seichten Flusse, welcher sich in den See Superior ergießt, seit undenklichen Zeiten ein ungeheures Stück von dem schönsten gediegenen Kupfer. Dieses Stück ist linsenförmig; es hat ungefähr 6 Schuh im Durchmesser, und ist in der Mitte gegen 3 Schuh hoch. Wie diese ungeheure Kupfermasse hieher gekommen seyn mag, weiß Niemand mit Bestimmtheit anzugeben. Wahrscheinlich ist sie durch irgend eine vulkanische Operation der Erde entstanden. Der Gouverneur von Detroit hat im Jahre 1826 zwei große Kaufmannsboote mit 40 Mann dahin geschickt, um dieses merkwürdige Stück Kupfer zu hohlen. Sie bemühten sich einen ganzen Tag, die Masse von der Stelle zu bringen, allein vergebens; sie waren genöthiget, sie noch der Nachwelt zur Bewunderung zu überlassen.

sich selbst die Einfalt dieser Frage bewunderte. Nun sagte ihm der Gutsherr, er möchte auf den Pfauen schießen. Der Indier schoß und durchbohrte den Pfauen mit seinem Pfeile. Der Gutsherr machte die Bemerkung, daß dieß wohl nur ein Zufall sey, daß es ihm nicht allezeit so gelingen werde, und ließ dem Indier sagen, er möchte noch auf einen andern Pfauen schießen. Der Indier antwortete, daß es Schade sey, diese schönen Thiere so unnützer Weise zu vernich= ten. „Schieß nur zu, vielleicht triffst du ihn ja nicht," sagte darauf der Gutsherr. Der Indier schoß nun, und der zweite Pfau war durchbohrt. Der Gutsherr glaubte noch immer, daß dieß nur Zufälle wären, und wollte sich noch durch einen dritten Versuch von der Geschicklichkeit des indischen Bogenschützen überzeugen. Er ließ dem Indier sagen, er möchte noch auf den dritten Pfauen schießen, welchen er gleichfalls erlegte. Der Gutsherr war nun überzeugt, daß der Indier ein guter Bogenschütze ist, nachdem er drei seiner schönsten Pfauen eingebüßt hat= te.

Die Indier sind gewöhnlich träge, allein wenn sie auf der Jagd sind, ist es bewunde= rungswürdig, und für Europäer beinahe unglaublich, mit welcher ausharrenden Unermüdig= keit und Schnelligkeit sie ein Wild verfolgen. Noch bewunderungswürdiger aber ist ihre Ge= schicklichkeit in der Wahrnehmung der Spur eines wilden Thieres, die sie nicht nur entdecken, wo ein ungeübtes Auge gar nichts wahrnehmen könnte, sondern die sie auch ganze Tage lang ununterbrochen verfolgen können, ohne sie zu verlieren. Selbst in der finstersten Nacht, wenn sie z. B. ein Wild an ihrer Hütte vorüber gehen hören, erkennen sie gleich, was für ein Wild es ist, ohne es zu sehen. Die Indier sind so gewohnt an die Entdeckung der Spur, und an den Tritt der wilden Thiere, daß sie dieß für nichts besonderes halten, und daß sie unsere Un= geschicklichkeit hierinfalls eben so lächerlich finden, als wir ihre Geschicklichkeit bewundern.

Es ereignete sich hier vor einigen Jahren, daß ein Europäer in einer finstern Nacht auf einen indischen Hund schoß, und ihn tödtlich verwundete, in der Meinung, es sey ein Wolf. Der Hund schleppte sich nach der Hütte seines Herrn, welcher bald erfuhr, daß der Europäer auf den Hund geschossen habe. Er war der festen Meinung, daß der Fremdling dieses vorsetz= lich gethan, und daher den Indiern einen Schimpf angethan habe. Sie hohlten ihn am fol= genden Morgen sogleich ab, versammelten sich, und stellten ihn zur Rede über den ihnen zuge= fügten Schimpf.

Der Europäer rechtfertigte sich damit, daß er den Hund nicht vorsetzlich erschossen, son= dern geglaubt habe, es sey ein Wolf, denn die Nacht sey zu finster gewesen, um die Gegen= stände deutlich unterscheiden zu können. Die Indier fragten ihn, ob er denn nicht den Unter= schied zwischen dem Tritte eines Wolfes und jenem eines Hundes habe wahrnehmen können, wenn die Nacht noch so finster war. Der Europäer antwortete verneinend, und bemerkte zu= gleich, er glaube, daß kein Mensch in der Welt diesen Unterschied wahrnehmen könne. Als die Indier dieß hörten, brachen sie in ein lautes Gelächter aus, spotteten über die Unwissenheit der Weißen, und ließen den armen Tropf, (wie sie ihn nannten,) frei.

Die Indier sind sehr entschlossen und unerschrocken auf der Jagd, dabei aber auch sehr vorsichtig. Sie kommen zwar oft in Gefahr, von den großen nord=amerikanischen Bären, die äußerst wild sind, zerrissen zu werden; jedoch verunglückt sehr selten ein indischer Jäger auf diese Art: denn er hat immer ein großes Messer in seinem Gürtel, mit welchem er sich vertheidiget, wenn ein verwundeter Bär auf ihn loskommt.

Die Indier machen auch allerlei Fallen und Schlingen, um Bären, Rehe, Biber, Fischotter u. dgl. zu fangen. Die alten Indier machten sich alle ihre Fallen selbst, in den neuern Zeiten bedienen sie sich häufig eiserner Fallen, die sie von den Weißen eintauschen.

Die Indier sind voll Aberglaubens. So haben einige auch den Aberglauben, daß die wilden Thiere sie verstehen, wenn sie sie anreden. Heckewelder, (dessen Name schon oben erwähnt wurde,) erzählt folgende sonderbare Anecdote von einem indischen Jäger. Dieser schoß nämlich auf einen Bären von ungeheurer Größe, und verwundete ihn tödtlich. Nun erhob der Bär ein klägliches Geheul, und wälzte sich auf dem Boden. Der Indier ging ganz gelassen hin, und redete das Wild so an: „Höre Bär! du bist eine feige Memme und kein Held, wie ihr Bären zu seyn vorgebet. Wärest du ein Held, so würdest du jetzt eine heldenmüthige Standhaftigkeit zeigen, und nicht heulen und klagen, wie ein altes Weib. Du weißt es ja, daß dein Stamm mit allen indischen Stämmen im beständigen Kriege ist, und daß wir uns alle auf das Kriegsloos gefaßt machen müssen. Hättest du mich überwunden, so hätte ich es mit Festigkeit und Heldenmuth ertragen, und wäre als ein tapferer Krieger gestorben, du aber liegst hier und heulst, und machst deinem Stamme Schande durch dein feiges Betragen."

Heckewelder hörte und verstand diese sonderbare Anrede; und nachdem der Indier dem Bären den Todesstreich versetzt hatte, ging er zu ihm, und fragte ihn, ob er denn glaube, daß der Bär ihn verstanden habe. „Ohne Zweifel hat er mich verstanden, antwortete der Indier, hast du denn nicht bemerkt, wie beschämt er aussah, als ich ihm seine Feigheit verwies."

In den Urwäldern von Nord=Amerika gibt es Bäume vom außerordentlichen Umfange, die gewöhnlich hohl sind, wenn sie alt werden. In diesen hohlen Bäumen halten sich im Winter gewöhnlich Bären auf. Wenn die Indier bemerken, daß ein Bär in einem hohlen Baume ist, vereinigen sich mehrere, und hauen den Baum um, und da sie oft nur kleine leichte Aexte haben, ist es eine schwere Aufgabe für sie, einen großen Baum umzuhauen, denn diese Bäume sind gewöhnlich nur oben hohl und unten gesund.

Ein Engländer, der mehrere Jahre unter den Indiern von Nord=Amerika zugebracht hatte, erzählt folgende Anecdote. Er verweilte lange Zeit unter den Otawa=Indiern, und wohnte mit ihnen in ihren Hütten. Eines Tages im Winter ging er in den Wald, und fand einen ungemein dicken Baum, der seine Aufmerksamkeit erregte. Er ging näher und fand, daß die Rinde des Baumes ganz zerkratzt war, und daß der Baum in einer bedeutenden Höhe vom Boden eine Oeffnung hatte. Er schloß daraus, daß ein Bär in diesem Baume überwintert. Er kehrte in die Hütte zurück, in welcher er wohnte, erzählte der indischen Familie seine

Entdeckung, und machte den Vorschlag, den Baum umzuhauen, um den Bären zu erlegen. Anfangs hatte Niemand Lust, Hand an's Werk zu legen, denn der Baum hatte nach dem Berichte des Engländers gegen 20 Schuh Umfange, (also über 6 Schuh im Durchmesser,) und die Aexte der Indier waren klein, etwa anderthalb Pfund im Gewichte. Die Hoffnung jedoch, einen großen und fetten Bären im Baume zu finden, brachte sie endlich zu dem Entschlusse, den Baum umzuhauen.

Die ganze Familie ging nun am folgenden Morgen an den Ort, wo der ungeheure Baum stand, und es fehlte wenig, so hätten sie ihr Vorhaben aufgegeben, als sie den ungeheuren Stamm in der Nähe sahen. Endlich machten sie sich doch an die Arbeit, umgaben den Baum, und fingen von allen Seiten an zu hacken, so viele als auf einmahl arbeiten konnten; und als diese müde wurden, löseten sie andere ab. So arbeiteten sie beinahe zwei Tage. Am zweiten Tage Nachmittags fiel endlich der Baum um.

Alle waren nun in gespannter Erwartung. Der Engländer stellte sich mit seinem Gewehre an die Oeffnung des Baumes, und es kam zu ihrer größten Freude ein Bär von außerordentlicher Größe auf dem hohlen Stamme, welchen der Engländer auf der Stelle erlegte. Als der Bär todt war, kam die alte Mutter dieser indischen Familie herbei, umarmte und küßte ihn unter vielen Grimaßen, und bath ihn tausendmahl um Vergebung, daß sie ihn seines Winterquatieres und sogar seines Lebens beraubt haben.

Der Bär war so groß, daß er gegen fünf Hundert Pfund wog, und so fett, daß an manchen Stellen sein Fett sechs Zoll tief war.

# Sechstes Hauptstück.

## Fortsetzung von der Jagd.

Nebst den Bären, deren es eine unglaubliche Menge in den großen Wäldern von Nord-Amerika gibt, sind die Thiere, auf welche die nord-amerikanischen Indier Jagd machen, folgende: Der Biber, die Fischotter, das amerikanische Stachelschwein, die wilde Katze, der Wolf, das Reh, der Hirsch, das kleine Elendthier, das Rennthier, das große amerikanische Elendthier, der Büffelochs und der Auerochs, nebst mehreren kleinen Thieren, die die Indier vielmehr fangen als schießen.

Der Biber ist einer der vorzüglichsten Gegenstände der indischen Jagd, wegen seines kostbaren Felles. Der Biber ist sehr häufig in den nördlichern Gegenden dieses Landes. Hier in den mittlern Gegenden von Nord-Amerika ist er schon seltener geworden, jedoch erlegen die Indier noch alle Jahre eine bedeutende Menge von Bibern in diesen Gegenden. Allein in den südlichen und östlichen Gegenden von Nord-Amerika sieht man keine Biber mehr.

Der Biber besitzt eine außerordentliche Schärfe der Sinne; und die Indier müssen die größte Vorsicht gebrauchen, um ihn zu fangen oder zu schießen. Es ist bekannt, daß sich der Biber ein Haus baut, worin er wohnt. Er baut sein Haus knapp an den Rand eines Flusses oder kleinen Landsees, mit einer Oeffnung gegen die Wasserseite; und sobald er nur das geringste Geräusch in der Nähe seines Hauses vernimmt, springt er in's Wasser, taucht unter, und schwimmt unter dem Wasser entweder an das gegenseitige Ufer, oder zu einer andern entfernten Stelle, wo er sich verborgen hält, bis die Gefahr völlig vorüber ist. Wenn ein Biber sich auf die Flucht begibt, macht er ein großes Geräusch, wodurch alle seine Nachbarn auf die Gefahr aufmerksam gemacht werden, und gleichfalls entfliehen.

Daher suchen die Indier den Biber vielmehr zu fangen als zu schießen. Die neuern Indier haben fast allgemein eiserne Fallen, in welche sie eine Lockspeise legen, und sie mit Köllnerwasser oder andern wohlriechenden Wässern besprengen, wodurch der Biber von Weitem in die Falle gelockt wird.

Wenn die Flüsse und Seen, an welchen die Biber wohnen, zugefroren sind, machen sie sich ein Loch am Ufer in das Eis, durch welches sie, im Falle einer Gefahr in's Wasser entfliehen. Die Indier machen nun einige Löcher in das Eis in einiger Entfernung von den Häusern der Biber. Sie entfernen sich dann, und lassen den Bibern Zeit, wieder in ihre Häuser zu kommen. Nun kommen die Indier wieder herbei, die Biber entfliehen alle unter das Eis ins Wasser, und die Indier stellen sich mit Kolben an die Löcher im Eise. Da die Biber nicht lange ununterbrochen unter Wasser leben können, suchen sie Oeffnungen, um Luft zu schöpfen, wenn nun einer an ein Loch kommt, um Luft zu schöpfen, schöpft er sie zum letzten Mahle, denn er wird augenblicklich von dem Indier erschlagen.

Dem Biber kommt die Fischotter zunächst, rücksichtlich ihres kostbaren Felles. Die Indier machen sehr stark Jagd auf die Fischotter. Es ist bewunderungswürdig, wie zähe das Leben dieses Thieres ist. Die Indier behaupten, daß der stärkste Mann nicht im Stande ist, eine Fischotter ohne Waffen zu tödten. Ein Weißer, der lange Zeit unter den Indiern gelebt hat, hörte dieß, und wollte sich davon durch einen Versuch überzeugen. Es gelang ihm, eine Fischotter lebendig zu fangen, und er versuchte nun, sie mit seinen bloßen Händen zu tödten. Er war grausam genug, das arme Thier eine Stunde lang zu pressen und zu würgen, allein er war nicht im Stande, es zu erwürgen, und mußte bekennen, daß man dieses Thier ohne Waffen nicht tödten kann.

Das amerikanische Stachelschwein ist von der Größe eines mittelmäßigen Hundes, nur hat es sehr kurze Beine. Seine Stacheln sind drei bis vier Zoll lang und weiß. Die Indier fangen sehr viele dieser Thiere, und zwar ohne Fallen, denn dieses Thier ist so außerordentlich faul und dumm, daß es gar nicht zu entfliehen versucht, wenn es seinen Feind herankommen sieht. Oft bleibt es zwei bis drei Wochen auf der nämlichen Stelle, und nachdem es das Gras oder die kleinen Stauden in seiner Nähe herum, abgenagt hat, bleibt es mehrere Tage ohne Nahrung, ehe es sich entschließt, weiter zu rücken. Zuweilen klettert es auf die untersten Aeste der Bäume, und nagt dann so lange an dem Aste, bis es ihn durchgenagt hat, und sammt dem Aste auf die Erde fällt. Die Indier bezeugen dieses als Augenzeugen. Die Dummheit und Faulheit dieser Thiere ist zum Sprichworte unter den Indiern geworden.

Das Fleisch des Stachelschweins ist zwar schmackhaft; jedoch bemerken die Indier, daß jene, die oft von diesem Fleische esse, eine große Mattigkeit in ihren Gliedern fühlen, und immer schläfrig sind.

Seine Stacheln werden von den Indierinnen verschiedentlich gefärbt, und zur Verzierung ihrer Schuhe und anderer Sachen verwendet.

Ein indischer Hund kommt dem Stachelschweine nur einmal in die Nähe und dann nie wieder; denn wenn ihm ein Hund in die Nähe kommt, schießt es ihm seine Stacheln in die Schnauze, und oft in die Augen, und richtet ihn sehr übel zu.

Die wilde Katze ist ein fernerer Gegenstand der indischen Jagd. Diese Thiere sind ungemein fett. Die Indier halten ihr Fleisch für einen Leckerbissen, so wie auch die Weißen, die unter den Indiern leben, denn es ist in der That sehr schmackhaft.

Ferners machen die Indier Jagd auf die Wölfe, und sind sehr zufrieden, wenn sie einen Wolf erlegen, denn diese Raubthiere machen ihnen viel Schaden, indem sie ihnen zu sehr in ihre Jagdrechte eingreifen. Es ist bereits erwähnt worden, daß die Indier Wolfsfleisch essen, und zwar nicht nur in der Hungersnoth, sondern immer, so oft sie es haben können.

Es gibt hier eine erstaunliche Menge von Rothwild. Besonders sind die Rehe so häufig auf dem ganzen Continent von Nord-Amerika, daß die Indier in manchen Gegenden fast ausschließlich davon leben, und oft 6 bis 8 Stücke in einem Tage erlegen. Unter den nördlichen und westlichen Indiern, die noch sehr barbarisch sind, giebt es noch viele, die die Gewohnheit haben, das warme Blut des erlegten Rehes zu trinken, welches auf der Wunde fließt, die ihm den Tod brachte.

Die Indier machen auch in der Nacht Jagd auf die Rehe, und erschießen ihrer in manchen Gegenden mehr bei der Nacht als beim Tage, und zwar je finsterer die Nacht ist, desto besser gelingt es ihnen. Sie stellen die Sache so an. Sie bereiten sich Fackeln, die hell und langsam brennen; dann schiffen sich zwei in einen kleinen Kahn ein, und befestigen die Fackel am Vordertheile des Kahnes, und hinter die Fackel stellen sie mehrere dichte Baumäste auf, hinter welchen sich der eine mit einem Schießgewehre verborgen hält, der andere sitzt im Hintertheile des Kahnes und leitet ihn mit vieler Behuthsamkeit und Stille. Die Rehe haben gewiße Plätze an den Ufern der Flüsse, wo sie in der Nacht hinkommen, um zu trinken, und um sich im üppigen Ufergrase zu weiden. Die Indier lauern nun in einiger Entfernung von dem Trinkplatze, und wenn ein Reh dahin kommt, nähern sie sich in aller Stille dem Orte. Das Reh ergötzt sich an dem Lichte, und da es, von dem hellen Scheine der Fackel geblendet, nicht anders sieht als das Licht, bleibt es stehen, und ergötzt sich so lange an der sonderbaren Erscheinung, bis der Indier nahe kommt, und das arme Thier sein Vergnügen mit dem Leben bezahlen muß.

Der Hirsch ist selten in Nord=Amerika. Höher im Norden gibt es gar keine. Im Gebiethe Michigan gibt es noch einige hie und da.

Häufiger ist das Elendthier, besonders im Westen dieses Continents. Man findet da ganze Herden von diesen schönen und edlen Thieren. Das Geweih des Elendthieres ist länger, und hat auch mehrere und größere Auswüchse, als jenes des Hirschen. Wenn es verwundet wird, ist es gefährlich. Die indischen Jäger verunglücken zuweilen durch die Wuth verwundeter Elendthiere. Sein Lauf ist bewunderungswürdig schnell, jedoch nicht ausdauernd; daher bezeugen alte und neue Reisende, daß die Indier ein Elendthier niederrennen können, wie sie sich ausdrücken; d. h. die Indier rennen zwar nicht schneller, als ein Elendthier, aber sie sind so ausdauernd in ihrem Laufe, und verfolgen so genau die Spur des Thieres, daß sie es endlich ermüden und einhohlen. Wenn ein Elendthier einen Indier erblickt, rennt es mit solcher Schnelligkeit davon, daß es der Jäger augenblicklich auf den Augen verliert, und es läßt ihn in kurzer Zeit mehrere Meilen hinter sich, und ein Europäer, wenn er Augenzeuge wäre, würde meinen, daß es einem Menschen geradezu unmöglich ist, dieses so flinke und scheue Thier einzuhohlen. Allein der Indier verfolgt es in einem gleichförmigen Laufe, bis er es, oft erst nach ein Paar Stunden wieder zu Gesichte bekommt. Das Elendthier rennt nun neuerdings davon; der Indier verstärkt seinen Lauf, und hohlt es wieder ein, und zwar in kürzerer Zeit als das erste Mahl. Und so jagt er den ganzen Tag dem armen Thiere nach, bis es endlich nicht mehr so schnell laufen kann, als der Indier, der es nun einhohlt und erlegt.

Nicht so können es die Indier mit dem Rennthiere thun, denn dieses ist ausdauernder im Laufe. Dieses Thier ist ein Bewohner der nördlichen Länder. Hier in Nord=Amerika ist es, südlicher als der See Superior nicht zu finden; allein je weiter man gegen Norden geht, desto größere Herden von Rennthieren findet man. Diese Herden bestehen zuweilen aus mehr als tausend Stücken. Die nord=amerikanischen Indier haben nie jenen Gebrauch von den Rennthieren machen wollen, welchen die Lappländer von ihnen machen; sie sind jedoch einer der wichtigsten Gegenstände ihrer Jagd, und in den nördlichern Gegenden dieses Continents leben die Indier größtentheils von dem Fleische der Rennthiere, und bekleiden sich mit ihren Häuten.

Die Indier jener Gegenden, wo die Rennthiere häufig sind, wissen aus langer Erfahrung genau die Gewohnheiten dieser Thiere. Sie wissen, daß sie sich im Sommer höher im Norden aufhalten, und oft bis an die Ufer des nördlichen Eismeeres kommen, und im Herbste ziehen sie sich in die südlichern Wälder zurück. Die Indier haben es bemerkt, daß die Rennthiere regel=mäßig alle Jahre diese Hin= und Herreise in großen Herden unternehmen. Sie haben ferner bemerkt, daß sie auf diesen Zügen regelmäßig durch gewiße Plätze passiren. Nun versammeln sich die Indier in großen Jagdbanden, und warten auf diese Wanderer, deren sie oft eine große Menge auf ein Mahl erlegen.

Die Indier haben allerlei Erfindungen, um die Rennthiere in großer Menge zu tödten. So z. B. machen sie, wenn sie einen Weg entdeckt haben, auf welchem diese Thiere hin und her zu gehen pflegen, eine starke und hohe Einzäumung auf Pfählen und Baumästen, durch deren Mitte der Weg führt. Diese Einzäumungen sind sehr groß, und haben oft zwei bis drei Meilen im Umfange. An der Stelle, wo der Weg in die Einzäumung führt, lassen die Indier eine Oeffnung. Auf beiden Seiten des Weges, der zur Oeffnung führt, stecken sie Baumäste in die Erde, welche eine immer weiter offene Allee bilden. In der Einzäumung machen sie wieder kleinere Hecken und Alleen, in welchen sie starke Schlingen anbringen. Nachdem die Arbeit vollendet ist, machen sich die Indier in einer bedeutenden Entfernung ihre Hütten, und warten dort auf ihre Beute. Wenn sie nun einige Rennthiere auf ihrem gewöhnlichen Wege herbeikommen sehen, und sie bereits in der Allee sind, die zur Thüre der Einzäumung führt, dann kommen sie langsam hervor und zeigen sich. Die Rennthiere laufen nun schnell auf ihrem Wege fort, und eilen in die Einzäumung, die sie für ein Dickicht halten. Die In=dier eilen ihnen schnell nach, und vermachen den Eingang. Nun jagen sie die Rennthiere in der Einzäumung herum, wovon sich einige in die Schlingen fangen, und von den Indiern erschlagen werden, und die übrigen erschießen sie mit ihren Pfeilen. Auf diese Art erlegen sie oft bedeutende Herden von Rennthieren auf ein Mahl. Eine solche Einzäumung dient für mehrere Mahle.

Unter allen Arten von Rothwild in diesem Welttheile ist das sogenannte große amerika=nische Elendthier das größte, denn es übertrifft das größte Pferd an Größe. Sein Geweih al=

lein wiegt über 50 Pfund. Es ist auch das scheueste und schnellste Thier in diesem Welttheile, und am schwersten zu erlegen. Ich hörte oft die Indier selbst gestehen, daß es wenige unter ihnen gibt, die genug geschickte Jäger sind, um dieses Elendthier zu erschießen. Sein Gesicht, sein Gehör und sein Geruch sind gleich bewunderungswürdig, und viel schärfer als bei allen andern Thieren dieses Landes. Wenn es sich ergibt, daß der geringste Wind von der Seite, wo der Jäger dem Wilde nachgeht, gegen dasselbe zieht, so riecht es seinen Feind viel früher, als es ihn sehen oder hören kann, und rennt mit Blitzesschnelle davon. Daher trachten die Indier, wenn sie die Spur eines großen Elendthieres gefunden haben, ihm von jener Seite nahe zu kommen, wo sie den Wind gegen sich haben.

Der Lauf des großen amerikanischen Elendthieres ist bewunderungswürdig. Es ist das schnellste Thier dieses Landes, und doch gallopirt es nie, sondern trottirt nur immer. Am häufigsten schießen es die Indier an den Trinkplätzen, zu welchen diese Thiere regelmäßig alle Tage kommen. Wenn ein Indier einen solchen Platz findet, verbirgt er sich in einen Hinterhalt, und wenn das Thier zum Wasser kommt, erschießt er es. Allein oft riecht es den Feind schon vom Weiten, und entflieht.

Im Westen und Norden dieses Continents sind die Büffelochsen der Hauptgegenstand der indischen Jagd. Es gibt in jenen Gegenden so große Ebenen, daß man, wenn man in die Mitte der Ebene kommt, nichts anderes um sich herum sieht, als Gras und Himmel. Das schärfste Auge kann am ganzen Horizont herum keinen Hügel und keinen Baum entdecken. In diesen Ebenen nun halten sich ungeheure Herden von Büffelochsen auf, die oft mehr als 10000 Stück enthalten. Die Indier jener Gegenden halten sich am Rande der Ebenen im Walde auf, und machen Jagd auf die Büffel, und leben ausschließlich davon.

Es gibt auch kleinere Ebenen und Wiesen in jenen Gegenden, die dann verhältnißmäßig kleinere Herden enthalten.

Die westlichen Indier haben Pferde, auf welchen sie gewöhnlich ohne Sattel reiten. Sie bedienen sich ihrer mit großem Vortheile auf der Büffeljagd; denn der Büffelochs, der sehr schwerfällig und plump ist, dessen ungeachtet aber doch schnell rennt, kann jedoch nicht so schnell rennen, als die wilden indischen Pferde, die eigens dazu von den Indiern abgerichtet werden.

Die Büffel wandern oft in ungeheuern Herden von einer Ebene zur andern, um bessere Weide zu finden; und die Indier wandern ihnen nach. Wenn diese Thiere auf ihrem Marsche zu einem Flusse kommen, überschwimmt die ganze Herde den Fluß, und setzt ihren Marsch fort. Im Winter halten sie sich gewöhnlich in Wäldern auf, um nicht so sehr dem Winde ausgesetzt zu seyn, als in den Ebenen; und weil sie auch mehr Nahrung in den Wäldern finden. Wenn sie im Winter wandern, und zu einem zugefrorenen Flusse kommen, wollen sie in der nämlichen Masse, in welcher sie an den Fluß gekommen sind, auch über das Eis hinüber gehen, allein so stark auch die nord=amerikanischen Flüsse im Winter zugefroren sind, muß doch das stärkste Eis von einer so ungeheuern Schwere eingedrückt werden, was auch gewöhnlich ge=

schießt, wenn die Herde etwas bedeutend ist, und der größte Theil der Herde geht dann zu Grunde.

Es ist leicht begreiflich, daß auf einem solchen Marsche, wo eine ganze Herde dieser schwerfälligen Thiere in einem dichten Haufen fortrückt, die Vordern wider Willen fortrücken müssen, besonders wenn die Herde von Indiern verfolgt wird. Diesen Umstand benützen manchmahl die Indier, wenn sie eine Herde von Büffeln in einem Orte finden, wo ein felsiger Abgrund in der Nähe ist. In diesem Falle wählen sie den schnellsten Läufer auf ihrer Mitte; dieser verhüllt sich in eine Büffelhaut mit Hörnern und Ohren, und schleicht sich vor die Herde in jener Richtung, wo der Abgrund ist. Die übrigen Indier umzingeln von weitem die Herde von allen Seiten, ausgenommen von jener, wo der in die Büffelhaut verhüllte Indier steht, und rücken immer näher an dieselbe. Wenn die Büffel die Indier in der Nähe sehen, werden sie unruhig und bereiten sich auf die Flucht. In diesem Augenblicke rennt der verkleidete Indier in aller Schnelligkeit gegen den Abgrund, und die Indier erheben ein fürchterliches Geschrei, wodurch die Büffel so erschreckt werden, daß sich die ganze Herde auf die schleunigste Flucht begibt, und zwar immer in der Richtung, die der verkleidete Indier nimmt, welchen sie für einen auf ihrer Herde halten. Wenn der Indier an den Abgrund kommt, flüchtet er sich in eine, vorher schon ausgespähete Spalte des Felsenabgrundes. Die vordersten Büffel kommen nun an den Abgrund, vor dem sie zwar erschaudern und zurückweichen wollen, allein es ist keine Möglichkeit mehr. Die ganze Masse der Herde drängt heran, und die vordersten stürzen immer in den Abgrund, wo sie den gewissen Tod finden. So vernichten oft die barbarischen Wilden ganze große Herden von Büffelochsen muthwilliger Weise, denn sie verzehren nicht den hundersten Theil davon, sondern ziehen bald wieder weiter, um immer frisches Fleisch zu haben.

Die westlichen Indier, wie bereits erwähnt wurde, machen gewöhnlich zu Pferde Jagd auf die Büffelochsen. Sie bedienen sich, wenn sie zu Pferde sind, des Bogens und der Pfeile, weil sie es zu unbequem finden, ein Schießgewehr zu Pferde zu laden. Finden sie eine Herde im Walde, so treiben sie dieselbe langsam vor sich, bis sie in eine Ebene kommen. Dann sprengen sie mitten in die Herde, zerstreuen sie, und suchen die fettesten Stücke auf, die sie mit ihren Pfeilen tödten. So verfolgen sie die Herde, bis sie alle ihre Pfeile verschossen haben. Es gibt noch gegenwärtig im Norden und Westen von Nord-Amerika so kraftvolle Bogenschützen, daß sie einen Büffelochsen mit einem Pfeile ganz durchbohren können.

Wenn die Indier Büffelherden aufsuchen, legen sie sich oft auf die Erde, und horchen; und wenn eine große Herde in der Gegend ist, hören sie 15 bis 20 Meilen weit die Bewegungen der Herde. Ein Engländer, der 30 Jahre unter den Indiern gelebt hatte, bezeuget, daß er einmahl, als er mit den Indiern auf die Büffeljagd ging, in der Nacht, ehe sie die Herde fanden, auf 18 Meilen weit, ihre Bewegungen wahrgenommen habe. Den folgenden Tag ritten sie gerade in der Richtung, in welcher sie in der Nacht das Getöse gehört hatten, und kamen in eine unermeßliche Ebene, deren Anblick, wie jener des Meeres war. Als sie noch 10 Meilen von der Herde entfernt waren, sahen sie dieselbe schon, allein nicht anders, als wie einen langen schwarzen Streif am Horizonte. Die verwegenen Indier, obwohl nur wenige an der Zahl, jagten gerade auf die Herde los, die sie auf ihren schnellen Pferden bald erreichten. Als sie sie erreicht hatten, tödteten sie eine Menge Büffelochsen unnöthiger oder vielmehr muthwilliger Weise, denn sie ließen sie liegen, und suchten nur einige Kühe zu tödten, indem die Indier zu gewißen Jahreszeiten das Fleisch der Büffelkühe jenem der Büffelochsen vorziehen.

Man kann mit Wahrheit sagen, daß die Indier beinahe eben so viele Büffel muthwilliger Weise vernichten, als sie derer zu ihrem Unterhalte verbrauchen.

Nebst den Büffeln findet man auch Auerochsen in den unermeßlichen Urwäldern von Nord=Amerika, allein äußerst selten. Wenn ein Indier auf die Spur eines Auerochsen kommt, nimmt er immer mehrere Gefährten mit sich, denn ein Einziger wäre nicht wohl im Stande, dieses ungeheure Thier zu erlegen. Ein Indier von Arbre=croche, der 15 Jahre unter den bar= barischen Wilden des höhern Nordens gelebt hat, erzählte mir, daß die Indier, unter welchen er lebte, einen Auerochsen erlegten, deßen Haut so groß war, daß sie den ganzen Boden der Hütte, in welcher sie wohnten, überdeckte. Ich meine, daß sie, den Hals mitgerechnet, etwa 12 Schuh lang, und 8 Schuh breit gewesen seyn mag.

## Siebentes Hauptstück.

### Fischerei der nord=amerikanischen Indier.

Nebst der Jagd ist die Fischerei der vorzüglichste und ergiebigste Nahrungszweig der nord= amerikanischen Indier. Nord=Amerika hat sehr viele und große Landseen, die voll großer und schmackhafter Fische sind. Die Indier, die an den Ufern dieser Landseen wohnen, leben fast ausschließlich von Fischen.

Die Werkzeuge, deren sich die Indier zum Fischfange bedienen, sind Speere oder kleine Harpunen, Angeln und Netze. Die alten Indier, die kein Eisen kannten, machten sich ihre Speere und Angeln auf Beinen von Thieren und Fischen; und ihre Netze bereiteten sie auf feinen Fasern der innern Rinde von Lindenbäumen, die sie zu einem Zwirn zusammen floch= ten. Die westlichen und nördlichen Indier machen noch heut zu Tage ihre Netze manchmahl auf diese Art.

Die neuern Indier bedienen sich eiserner Speere und Angeln, die sie von den Weißen ein= tauschen, und ihre Netze sind auf Fabrick=Zwirn verfertiget.

Die Indier, die an den Ufern der Seen wohnen, leben im Sommer und im Winter von Fischen. Im Winter, wenn die Seen zugefroren sind, machen sie Löcher in das Eis, ungefähr einen Schuh im Durchmesser, legen sich an die Oeffnung nieder, halten ihre Speere in der Bereitschaft, und wenn ein Fisch an der Oeffnung vorüberschwimmt, spießen sie ihn. Die nordamerikanischen Seen sind so fischreich, daß ein Indier gewöhnlich 12 bis 15 große Fische täglich auf diese Art fängt. Manchmahl fängt ein Indier 30, 50, ja 100 Fische in einem Tage. Ich kenne einen Indier auf dieser Insel, der vor einigen Jahren 300 Fische in einem Tage gespießt hat. Diese Fische sind eine Art von Hechten, und sind sehr groß. Die kleinsten wiegen 10 bis 12 Pfund, die größern 20 bis 30 Pfund.

Um diese Raubfische besser herbeizulocken, machen sich die Indier kleine Fische von Holz, 6 bis 8 Zoll lang, die sie aushöhlen, und mit Blei beschweren. Sie binden dann diese Lockfische an eine starke Schnur, und senken sie in das Wasser, über der Oeffnung im Eise, und ziehen von Zeit zu Zeit an der Schnur, um den Lockfisch in stäter Bewegung zu erhalten. Wenn nun ein Hecht in die Nähe kommt, glaubt er, daß dieser Lockfisch ein lebendiger Fisch ist, und eilt herbei, um ihn zu verschlingen, allein der flinke Indier spießt ihn, ehe er Zeit hat, seine vermeinte Beute zu erhaschen.

Sie spannen ihre Netze auch unter dem Eise auf, und fangen oft eine große Menge Fische auf diese Art. Diese Netze sind gewöhnlich 360 Schuh lang, und 5 Schuh breit. Es ist keine leichte Aufgabe, diese großen Netze unter dem Eise aufzuspannen. Ich konnte es nicht recht begreifen, wie sie es anstellen, bis ich es selbst sah. Sie machen erstlich eine weite Oeffnung in das Eis, und dann machen sie 360 Schuh weit in gerader Linie mehrere kleine Oeffnungen, etwa 12 Schuh eine von der andern entfernt. Diese Oeffnungen dienen dazu, um eine lange Schnur, mittelst einer Stange, an deren Ende die Schnur befestiget ist, unter dem Eise bis an die letzte Oeffnung zu führen. In der letzten Oeffnung wird die Stange mit der Schnur heraufgezogen. In das andere Ende der Schnur wird ein Ende des Netzes angebunden, und das andere Ende hält an einer andern Schnur ein Indier, der an der ersten Oeffnung steht. Nun wird das Netz behuthsam in das Wasser gelassen, und der Indier, der an der letzten Oeffnung steht, zieht mittelst seiner Schnur das eine Ende des Netzes an sich, bis das ganze Netz unter das Eis gebracht wird.

Weil die Fische gewöhnlich nicht an der Oberfläche des Wassers schwimmen, so wird das Netz 10 bis 15 Schuh tief unter dem Eise aufgespannt. Um dieses zu bewirken, binden die Indier an den untern Rand des Netzes, in einiger Entfernung von einander, kleine Steine an, die das Netz herabziehen, und am obern Rande binden sie, den Steinen gegenüber, Stücke vom dürren leichten Holze an, welche das Netz in die Höhe ziehen, und es also aufgespannt halten. Die beiden Schnüre in der ersten und letzten Oeffnung werden an Stangen befestiget, die quer über die Oeffnung gelegt werden. Die Maschen der Netze sind gerade von der Größe, daß ein mittelmäßiger Fisch seinen Kopf bis an die Kiefern hineinstecken, aber nicht mehr hinaufziehen kann. Sie spannen ihre Netze Abends auf, und ziehen sie am folgenden Morgen heraus, und finden zu 10, 20 bis 50 Fische in jedem Netze.

Die westlichen Indier von Nord-Amerika kennen eine gewiße Wurzel, die sie trocknen, dann fein zerstoßen, und im Wasser auflösen, dann gießen sie dieses Wasser in einen See oder

Fluß an jenem Orte auf, wo es viele Fische gibt, und in kurzer Zeit werden die Fische davon so betäubt, daß sie wie todt an die Oberfläche des Wassers kommen. Die Indier nehmen sie nun mit den Händen, und werfen sie in ihre Kähne, bis sie genug haben, und die übrigen überlassen sie ihrer Betäubung, wovon sie sich bald erhohlen.

Einige kleine Stämme der westlichen Indier, die an den Ufern des stillen Weltmeeres wohnen, fangen Wallfische mit großen Harpunen, welche an langen Stricken befestiget sind. An diese Stricke binden die Indier in einiger Entfernung von einander, 20 bis 30 Seehunds=bälge, die mit Luft angefüllt sind, gleich Schwimmblasen, wodurch sie den verwundeten Wallfisch verhindern, daß er nicht schnell entfliehen, und noch weniger untertauchen kann.

Ein Reisebeschreiber berichtet die Kühnheit der westlichen Indier im Fange des sogenann=ten Gastfisches. Dieser Fisch lebt im Meere, und ist sehr groß und gefährlich. Er pflegt sich im Sommer nahe am Ufer zwischen Klippen aufzuhalten, wo er auf seine Beute lauert. Wenn ein Indier einen dieser Fische aufspähet, nimmt er ein Stück rothen Tuches, schwimmt unter dem Wasser bis zur Stelle, wo der Fisch ist, und hält ihm das rothe Tuch vor. Der Fisch öff=net den Rachen, um nach der vermeinten Beute zu schnappen, allein in dem nämlichen Au=genblicke steckt ihm der Indier seinen Arm in den Rachen, ergreift ihn, und zieht ihn nach einem hartnäckigen Kampfe zwischen den Klippen ans Ufer.

Einige Indier bedienen sich zu gewißen Jahreszeiten auch runder Handnetze, die unge=fähr 5 Schuh im Durchmesser, und 3 Schuh in der Tiefe haben. Die Indier fangen mit die=sen Handnetzen an manchen Orten und zu gewißen Zeiten, mehrere Hunderte von ziemlich großen Fischen zu 5 bis 8 Pfund, in ein Paar Stunden.

## Achtes Hauptstück.

### Ehen und Kindererziehung der nord=amerikanischen Indier.

Die Gebräuche der nord=amerikanischen Indier, rücksichtlich der Ehen, sind in verschiedenen Stämmen verschieden. Größtentheils wird die ganze Verhandlung von den Aeltern beider Theile betrieben, und die zwei jungen Personen werden zuweilen zusammengebracht, ohne daß sie einer für den andern die geringste Neigung haben. Die klügern Indier jedoch berathen die Neigung ihrer Kinder, und verhalten sich darnach bei ihren Verhandlungen.

Die Mutter des Bräutigams macht gewöhnlich die ersten Schritte. Sie geht in die Hütte, wo die Mutter des Mädchens wohnt, welches sie zur Braut ihres Sohnes auserwählt hat, nimmt ein kleines Geschenk mit sich, gewöhnlich einen Rehschlegel oder ein Stück Bärenfleisch, gibt es der Mutter des Mädchens, und bemerkt sehr ausdrücklich, daß ihr Sohn das Wild erlegt hat. Die Mutter des Mädchens versteht sogleich, was das sagen will; und wenn sie mit dem Burschen zufrieden ist, bereitet sie ein Gericht auf den Erzeugnissen ihres Feldes, (denn die Felder, wie bereits erwähnt worden, werden von den Weibern und Mädchen bebaut,) trägt es der Mutter des angemeinten Bräutigams, und gibt es ihr sehr freundlich hin, mit der Bemerkung, daß ihre Tochter dieses auf ihrem Felde erzeugt hat. Die ganze Verhandlung will so viel sagen, als: Der junge Mann ist ein guter Jäger, und wird seinem Weibe immer einen hinreichenden Vorrath von Fleisch verschaffen; und das Mädchen versteht sich auf den Feldbau, und wird ihrem Manne immer einige Felderzeugnisse verschaffen können.

So wird der ganze Heirathscontract geschlossen, ohne daß ein Wort von einer Heirath gesprochen wird, denn die Indier, unter welchen dieser Gebrauch herrscht, betrachten die Annahme und Erwiederung des Geschenkes als eine unbedingte Einwilligung, (denn im Falle einer Verweigerung nimmt die Mutter des Mädchens das Geschenk zwar an, allein sie erwiedert es nicht, und der ganze Handel hat ein Ende).

Ist die Mutter des jungen Mannes nicht mehr am Leben, so verwendet sich sein Vater oder einer seiner nächsten Verwandten für ihn. Gewöhnlich geben sie sich dann gegenseitig noch andere kleine Geschenke, und die Heirath wird ohne alle Ceremonien geschlossen, indem der Bräutigam in die Hütte der Braut übersiedelt, oder sie in seine Hütte nimmt.

In einigen Stämmen ist es gar nie der Fall, daß ein junger Mann sich selbst ein Mädchen zur Ehe auswählt und sie verlangt, sondern er muß ganz von seinen eigenen Aeltern und Verwandten, und von jenen seiner Braut abhängen. In andern Stämmen geschieht es zuweilen, jedoch nur ausnahmsweise, daß sich der junge Mann sein künftiges Weib selbst aufsucht. In diesem Falle erklärt der junge Indier dem Mädchen, welches er sich zum Weibe wählt, in den kürzesten Ausdrücken seine Absicht, sie zu heirathen. Wenn das Mädchen einwilliget, und wenn sich dann die beiderseitigen Aeltern oder nächsten Verwandten nicht widersetzen, geht sie sogleich in seine Hütte, und ist sein Weib, ohne alle Ceremonien. Williget sie aber nicht ein, so wird der Indier selten einen zweiten Versuch mit ihr machen.

In einigen andern Stämmen ist es Gewohnheit, daß der junge Indier, nachdem er sich ein Mädchen zu seinem künftigen Weibe auserwählt hat, in ihre Hütte geht, und sich, ohne ein Wort zu reden, knapp neben ihr auf die Erde setzt. Das Mädchen weiß gleich, was das bedeutet. Ist sie nun zufrieden, ihn zu heirathen, so bleibt sie ruhig sitzen, und der junge Mann weiß, daß er angenommen ist, und die Heirath ist geschlossen. Ist aber das Mädchen nicht zufrieden, sich mit diesem jungen Manne zu verheirathen, so steht sie ganz ruhig auf, ohne ein Wort zu reden, und setzt sich entweder auf einen andern Ort oder geht auf der Hütte. Der junge Indier weiß nun genau, woran er ist, und er kommt nicht wieder, um sich an ihrer Seite niederzusetzen, sondern geht und setzt sich an die Seite einer andern nieder.

Alle nord-amerikanischen Indier haben die Gewohnheit, sich gegenseitig kleine Geschenke zu geben, nachdem sie die Heirath geschlossen haben. Im Falle einer Scheidung müssen aber diese Geschenke zurückgegeben werden, und wenn sie bereits verbraucht worden sind, müssen andere ähnliche ersetzt werden.

In einigen Stämmen haben die Indier die Gewohnheit, daß die Einwilligung des Ober=
häuptlings des Stammes erhalten werden muß, und daß ohne seine Einwilligung die Ehe un=
ter ihnen nichts gilt.

Einige nördlichere Stämme haben die Gewohnheit, daß der junge Indier allezeit in das
Haus der Braut zieht, und mit ihren Aeltern und nächsten Verwandten lebt, die ihn jedoch
ganz wie einen Fremden behandeln, bis ihre Tochter ihr erstes Kind zur Welt bringt, worauf
er in die Familie aufgenommen, und als ein Familien=Mitglied behandelt wird.

Die Ehe unter den nord=amerikanischen Indiern ist nichts anders, als ein zeitliches und
willführliches Beisammenbleiben eines Mannes und eines Weibes, so lange es ihnen gefällt.
Sobald aber ein Theil nicht mehr mit dem andern in Gemeinschaft bleiben will, geht er da=
von, kehrt zu seinen Aeltern oder Verwandten zurück, und bleibt entweder bei ihnen oder ver=
heirathet sich wieder anderswo. Es wird zwar in einigen Stämmen als eine Schande angese=
hen, wenn ein Mann sein Weib oder ein Weib ihren Mann ohne wichtige Ursache verläßt,
allein sie räumen doch weder dem einen noch dem andern das Recht ein, den entwichenen Theil
mit irgend einer Art von Zwangsgewalt zur Fortsetzung der ehelichen Gemeinschaft zu
nöthigen. Wenn sich ein Indier verehelicht, verpflichtet er nie sein Weib, lebenslänglich bei
ihm zu bleiben, noch auch verpflichtet er sich selbst, sie lebenslänglich zum Weibe zu haben.

Die Indier aller nord=amerikanischen Stämme, so sehr sie auch rücksichtlich der Sprache
und der übrigen Gebräuche von einander abweichen mögen, stimmen hierinfalls überein, und
halten fest an dieser ihrer Gewohnheit, die Weißen mögen ihnen Bemerkungen und Vorstel=
lungen dagegen machen, wie sie wollen.

Ein Engländer, der lange Zeit unter den Indiern lebte, machte ihnen einmahl Bemer=
kungen über ihre zu großen Freiheiten, die sie rücksichtlich ihrer Ehen herausnehmen. Darauf
antwortete ihm ein alter Indier: „Ihr Weißen habt die Gewohnheit, ein ganzes Jahr oder
auch mehrere Jahre um Mädchen zu werben, bis ihr sie zur Ehe bekommt, und wenn ihr sie
endlich bekommt, zeigt es sich oft, daß ihr euch ein böses Weib ins Haus genommen habt,
welches greint und euch quält vom Morgen bis zum Abend; allein ihr müßt sie immer im
Hause behalten, ihr habet Bücher, die euch verbiethen, eure Weiber, wenn sie auch böse sind,
vom Hause zu jagen, und bessere zu nehmen. Der Indier ist gescheidter, mein Camerad!
Sieht er ein Mädchen, welches ihm gut zu seyn scheint, so geht er hin, und fragt sie, oder läßt
sie durch andere fragen, ob sie sein Weib werden will. Sagt sie ja, so nimmt er sie, sagt sie
nein, so sucht er sich eine andere, und nimmt sie zum Weibe. Und er kann versichert seyn, daß
er ein gutes Weib haben wird, denn sie weiß, daß, wenn sie böse ist, der Indier sie bald davon
jagen wird. Sie hat gern einen guten Bissen Wildpret; sie sieht, daß der Indier ein guter
Jäger ist, der ihr immer Wildpret verschaffen kann, sie thut nun alles, um ihm zu gefallen,
um immer wohl zu leben.“ So raisonirt der Wilde, der weder das Gesetz Gottes, noch irgend
ein menschliches Gesetz erkennt.

Es geschieht seltener, daß das Weib den Mann verläßt, als der Mann das Weib; denn die indischen Weiber sind sehr abhängig von den Männern, besonders in jenen Stämmen, die ausschließlich von der Jagd oder von der Fischerei leben.

Wenn sie schon Kinder mit einander haben, so geschieht es seltener; daß sie sich scheiden. Wenn es jedoch geschieht, behält gewöhnlich der Vater so viele von seinen Kindern für sich, als es ihm gefällt, und überläßt die übrigen der Mutter. Sehr oft läßt er ihr gar keines, sondern jagt sie leer davon.

Nebst dieser zügellosen Freiheit, sich gegenseitig zu verlassen, und nach Belieben anderwärts zu verheirathen, haben die nord-amerikanischen Indier auch die Vielweiberei im Gebrauche; und zwar alle Stämme ohne Aufnahme. Es steht jedem Indier frei, so viele Weiber zu heirathen, als er will. Jedoch findet man ihrer wenige mit mehreren Weibern, weil es ihnen zu schwer ist, mehrere Weiber zu nähren und zu kleiden.

Auf dem bisher Gesagten ersieht man, daß jene romantischen Liebhabereien, die unter den civilisirten Völkern so gewöhnlich den ehelichen Verbindungen vorhergehen, unter den kalten nord-amerikanischen Indiern nicht in der Mode sind. Es ist ein einziges Beispiel dieser Art geschichtlich bekannt, welches, weil es das einzige ist, Erwähnung verdient.

Vor vielen Jahren lebte ein berühmter indischer Oberhäuptling an den Ufern des großen Sees Superior, Namens Wawanosch, dessen Ruhm als Krieger und Jäger sich weit unter verschiedene indische Stämme verbreitete. Die Würde der Oberherrschaft über seinen Stamm hatte sich seit undenklichen Zeiten in seiner Familie erhalten, und er war stolz auf seine Abkunft. Nebst den Vorzügen seiner Geburt besaß er persönliche Vorzüge, die ihn in den Augen seiner Stammesgenossen zu einer aufnehmenden Höhe erhoben. Er war von großer Statur, und sein Aeußeres war majestätisch und gebietherisch. Seine Stärke und sein Muth waren unübertroffen. Sein starker Bogen war allgemein bekannt und gefürchtet, niemand konnte ihn spannen, es sey denn Wawanosch. Zugleich war er sehr bedachtsam, klug und vorsichtig, und alle benachbarten Stämme bewunderten eben so sehr seine Weisheit, als sie seine Tapferkeit fürchteten.

Dieser merkwürdige Indier hatte eine einzige Tochter, die wegen ihrer schönen weiblichen Tugenden ihrem Vater nur wenig im Ruhme nachstand. Sie hatte nun 18 Jahre, und viele der besten Jünglinge des Stammes warben um ihre Hand, allein sie wurden alle von dem stolzen Oberhäuptlinge abgewiesen, weil sie ihm alle zu gemein waren. Nun verwendete sich noch einer der schönsten und edelsten Jünglinge bei dem Vater, um seine vortreffliche Tochter zu erhalten. Er fürchtete zwar auch, wie die Uebrigen abgewiesen zu werden, da er sich jedoch im Voraus von der Gegenliebe der Tochter versichert hatte, hoffte er durch ihre Vermittlung den Vater zu gewinnen. Er wendete sich nun an den alten Oberhäuptling, und bath ihn, ihm seine Tochter zur Ehe zu geben.

„Höre, junger Mann, antwortete ihm Wawanosch, höre, was ich dir zu sagen habe. Du verlangst meine Tochter. Sie ist das kostbarste Kleinod, so ich auf Erden besitze. Schon viele sind mit dieser nämlichen Bitte zu mir gekommen. Einige unter ihnen hatten mehrere Ansprüche auf die Ehre, meine Schwiegersöhne zu werden, als du; allein keiner ist es noch geworden. Junger Mann, hast du es wohl recht bedacht, wen du zum Schwiegervater zu haben wünschest? Hast du wohl die Thaten bedacht, die mich zu der Stufe erhoben haben, auf welcher du mich siehst, und die meinen Namen allen Feinden meiner Nation furchtbar gemacht haben? Welcher Oberhäuptling in den benachbarten Stämmen rechnet es sich nicht zur Ehre, ein Freund des Wawanosch zu seyn? Welcher Jäger ist im Stande, den Bogen des Wawanosch zu spannen? Welcher Krieger wünscht es nicht, daß sein Ruhm einst jenem des Wawanosch gleich käme? Und was hast du aufzuweisen, junger Mann, so dich würdig machen könnte, mein Schwiegersohn zu werden? Hast du jemahls eine rühmliche That gegen die Feinde deines Stammes ausgeführt? Hast du jemahls ein Siegeszeichen nach Hause gebracht? Hast du jemahls heldenmüthige Standhaftigkeit in Peinen, in Hungersnöthen, in Beschwerden bewiesen? Ist dein Name über die engen Gränzen deines heimischen Dorfes hinaus bekannt? Gehe denn junger Mann, und erwirb dir einen Namen, und dann komm und suche Verbindung mit dem Hause Wawanosch.“

Der junge Indier wußte nun, gegen welche Bedingung es ihm möglich sey, die liebenswürdige Tochter des ruhmsichtigen Wawanosch zu erhalten. Er beschloß nun, eine That auszuführen, die ihm entweder den Namen eines heldenmüthigen Kriegers erwerben, oder ihm das Leben kosten würde. Er versammelte seine jungen Freunde und Gefährten, theilte ihnen seinen Wunsch mit, sich durch ein kriegerisches Unternehmen gegen die Feinde seines Stammes auszuzeichnen, und redete mit solchem Eifer, daß er seine Gefährten mit dem nämlichen Verlangen, sich durch Tapferkeit auszuzeichnen, entflammte. In zehn Tagen sah er sich an der Spitze einer großen Bande von jungen Indiern, die alle vor Begierde brannten, sich mit dem Feinde zu schlagen und sich auszuzeichnen. Sie versahen sich mit Waffen und Lebensmitteln, bemahlten sich auf die gräßlichste Weise, und begaben sich an den Ort, der zum Kriegstanze bestimmt war. Ein schöner grüner Platz war dieser Ort. Den Vordergrund bildete das Ufer des Sees Superior, mit seinem weißen Sande, den Hintergrund begränzte ein dichter Wald von Eichen und Tannen. In der Mitte des Platzes stand eine alte Tanne, um welche die Indier ihre Kriegstänze zu halten pflegten. Um diese Tanne versammelte der junge Anführer seine Krieger zum Tanze. Ein alter Indier schlug auf eine Trommel den Tact.

Nach dem Tanze, der zwei Tage dauerte, zogen sie gegen das Gebieth eines benachbarten feindlichen Stammes. Der junge Anführer sagte noch einmahl ein herzliches Lebewohl der Tochter des Wawanosch, und sie versprachen sich gegenseitige Treue. Er eilte nun zum Kampfe. Sie erreichten bald das feindliche Gebieth, und überfielen eine Bande von feindlichen Indiern. Der Kampf war blutig. Der herzhafte Anführer zeichnete sich durch den unerschrochsten Heldenmuth auf; und schon fing der Feind an zu weichen, als den heldenmüthigen jungen Krieger der Pfeil eines feindlichen Indiers traf, und ihn todt zu Boden streckte. Die Gefährten des gefallenen Anführers erneuerten den Angriff, und jagten den Feind gänzlich in die Flucht.

Als die Tochter des Wawanosch den Tod des edlen Jünglings vernahm, blieb sie unbeweglich und sagte kein Wort, (denn die Indier brechen selten in laute Klagen auf). Stille Seufzer und Thränen waren nun alles, was man an ihr sah. Sie aß sehr selten und wenig, und redete kein Wort mehr. Ihr Vater verwies ihr oft ihr Betragen, und suchte sie aufzuheitern, allein vergebens. Sie konnte nicht in der Hütte bleiben; den größten Theil des Tages brachte sie im Walde zu, und nahm so sehr ab, daß sie wie eine Leiche aussah. Bald darauf starb dieses seltene indische Mädchen. Ihr Vater bereute nun, jedoch zu spät, sein stolzes Betragen gegen den edlen Jüngling.

Ueber die indische Kindererziehung ist nicht viel zu sagen. Die Indier lieben ihre Kinder außerordentlich, viel mehr, als die Kinder ihre Aeltern; allein diese Liebe ist nur natürlich, nicht vernünftig, denn sie lassen ihren Kindern ganz ihren freien Willen. Die Kinder merken dieses gar bald, und bemeistern sich vollkommen ihrer Aeltern, so daß in den meisten indischen Familien die Kinder befehlen, und die Aeltern gehorchen. Körperliche Züchtigungen sind in sehr wenigen indischen Familien gebräuchlich. Die meisten Indier halten es für eine Schande, ihre Kinder zu züchtigen. Ich sah oft indische Weiber, die ihren Kindern ein Gefäß voll kalten Wassers über den Kopf aufgoßen, und erfuhr, daß die indischen Mütter oft auf diese Art ihre Kinder züchtigen, und daß die Kinder dieses, allerdings sehr unangenehme Begießen mehr fürchten, als Schläge.

Zuweilen strafen sie ihre Kinder auch mit Fasten. Dieses ist nicht nur ein bloßes Strafmittel, dessen sich die Indier gegen ihre zu rebellischen Kinder bedienen, sondern sie haben dabei zugleich die Absicht, dadurch ihre Kinder abzuhärten, und frühzeitig an die standhafte Ertragung der Hungersnoth zu gewöhnen, in welche sie, wegen ihrer gränzenlosen Trägheit und Sorglosigkeit sehr oft gerathen.

Die Indier geben sich nicht die Mühe, ihre Kinder in irgend etwas zu unterrichten, sondern sie müssen alles vom Hören und Sehen erlernen. Wenn die Träger und Krieger von ihren Abenteuern und Thaten reden, horchen die jungen Indier mit vieler Aufmerksamkeit, und werden so in die Kenntniß alles dessen gesetzt, was künftighin ihre Beschäftigung seyn wird. Wenn der Vater einen Kahn aus Birkenrinden, oder Scheeschuhe, oder was immer verfertiget, sehen ihm die Knaben zu, und versuchen dann selbst was Aehnliches zu machen; eben so auch die Mädchen, wenn die Mutter weibliche Arbeiten verrichtet.

Die Indier geben ihren Kindern bald nach ihrer Geburt einen Namen, gewöhnlich den Namen eines Thieres, eines Vogels, eines Fisches, u. s. w. Allein wenige Indier behalten ihre ersten Namen bis an das Ende ihres Lebens, oft nehmen sie im männlichen Alter selbst einen andern Namen an, oft wird er ihnen von ihren Gefährten nach irgend einem merkwürdigen oder wenigstens ihre Aufmerksamkeit erregenden Umstande gegeben.

## Neuntes Hauptstück.

### Religion der nord=amerikanischen Indier.

Es ist eine allgemeine und sehr richtige Bemerkung der Reisebeschreiber, daß man kein Volk auf der Erde findet, welches gar keine Art von Religion hätte.

Die Indier aller nord=amerikanischen Stämme haben auch ihre Religion, die jedoch in verschiedenen Stämmen verschieden ist. Sie glauben zwar alle an die Existenz eines höchsten Wesens, welchen sie den Großen Geist, oder den Herrn des Lebens nennen; allein ihre übrigen Glaubensartikel und ihre religiösen Gebräuche und Ceremonien sind sehr verschieden.

Ihre Traditionen von der Erschaffung der Welt, von der Sündfluth und von einigen an= dern Begebenheiten des alten Bundes sind eben so verschieden als die Einbildungskraft ihrer Vorfahren, die sie so entstellt haben, verschieden war.

Die Indier des Deleware=Stammes, (nun ein sehr unbedeutender Stamm) glauben, daß sie ursprünglich unter der Erde gelebt haben, und erst später durch einen glücklichen Zufall auf die Erde gekommen sind. Es entdeckte nämlich ein Indier ihres Stammes eines Tages eine O= effnung in dem obern Theile der Erde, er kletterte zur Oeffnung, und kletterte so lange, bis er auf die Oberfläche der Erde kam. Er erstaunte, als er das schöne Land sah, welches er entdeckt hatte, noch mehr aber erstaunte er, als er allerlei Thiere bemerkte, die auf der Erde wandel= ten. Er ging herum und erforschte das schöne Land, er war auch so glücklich, ein Reh zu fin= den, welches ein Wolf so eben gefangen und beinahe getödtet hatte. Er kam herbei, tödtete das Reh, und trug es mit sich unter die Erde. Seine Nachbarn versammelten sich um ihn, und er erzählte ihnen alle die Wunder, die er auf der Erde gesehen hatte.

Diese Erzählung, noch mehr aber das Rehfleisch, welches sie ungemein schmackhaft fanden, bewog sie, ihren finstern Wohnort zu verlassen, und auf die Oberfläche der Erde zu klettern, um auf die Thiere, die auf der Erde leben, Jagd zu machen.

Die Indier eines andern kleinen Stammes im Gebiethe Missouri, glauben gleichfalls, daß sie unter der Erde ihren Ursprung genommen haben, allein die Art ihrer Befreiung auf ihrem düstern Aufenthalte war verschieden. Sie glauben, daß eine Weinrebe, die ihre Vorältern gepflanzt hatten, so üppig herangewachsen war, daß sie in eine hohe Oeffnung am Gewölbe ihres Aufenthaltes, zu welcher Niemand gelangen konnte, reichte, und zugleich sehr stark war. Eines Tages kletterte ein muthiger Jüngling auf dieser Rebe bis zur Oeffnung; er kletterte auch durch die Oeffnung und kam auf die Oberfläche der Erde. Er bewunderte die Schönheit der Erde und den Glanz der Sonne, besonders aber die Herden von Büffelochsen, die er um sich herum auf der Ebene sah. Es gelang ihm sogar, einen Büffelochsen zu tödten, von welchem er ein Stück mit sich nahm. Er eilte nun in seinen Aufenthalt zurück, und entzückte seine Stammesgenossen mit seinem Berichte von der Schönheit und Fruchtbarkeit der Erde, und von der guten Jagd, die es auf der Oberfläche der Erde gibt. Seine Stammesgenossen entschloßen sich alsogleich, auf die Erde hinaufzuklettern, und es gelang ihnen. Allein unglücklicher Weise kam nun ein sehr korpulentes Weib herbei, welches auch in das gelobte Land zu kommen wünschte. Sie ergriff die Rebe, und fing an zu klettern, allein da sie so außerordentlich schwer war, brach die Rebe und fiel um. Nun waren die noch übriggebliebenen Indier des einzigen Mittels, welches sie auf ihrem traurigen Aufenthalte hätte retten können, beraubt, und mußten unter der Erde bleiben, wo sie noch jetzt leben.

Die Tradition der Sündfluth hat sich allgemein unter den Indiern erhalten, allein unter so verschiedenen und entstellten Formen, daß man sie kaum erkennen kann.

Einige Stämme glauben, daß nach drei Generationen der ersten Familie eine allgemeine Ueberschwemmung über die Erde kam, die sie alle vernichtete, und daß nach der Fluth einige Thiere, (die wahrscheinlich im Wasser lebten), in Menschen verwandelt wurden, um die Erde wieder zu bevölkern.

Andere Stämme haben die Tradition, daß ein ausgezeichneter Indier von dem Großen Geiste im Schlafe gewarnt wurde, daß eine große Ueberschwemmung über die Erde kommen wird. Dieser Mann, der sehr klug und vorsichtig war, machte sich sogleich ein Floß auf Baumstämmen, und nahm allerlei Thiere mit sich auf das Floß, als die Ueberschwemmung über Hand zu nehmen anfing. Auf diesem Floße trieb er mehrere Monate herum, bis er schon muthlos zu werden anfing, und auch die Thiere, die er mit sich auf dem Floße hatte, und die die Gabe der Sprache hatten, fingen schon an, laut gegen ihn zu murren. Endlich erschuf der Große Geist eine neue Erde, und der Mann und seine Thiere landeten auf dieser neuen Erde. Die Thiere verharrten in ihrer Unzufriedenheit gegen den Mann, und waren schon auf dem Puncte, einen Aufstand gegen ihn, unter der Anführung des Bären zu erregen, als sie plötzlich der Gabe der Sprache beraubt, und in den Stand versetzt wurden, in welchem sie jetzt sind.

Alle nord-amerikanischen Indier, mit Ausnahme einzelner Individuen, glauben an die Unsterblichkeit der Seele; allein rücksichtlich des Zustandes, in welchen die Seele nach dem Tode des Menschen kommt, weichen sie sehr von einander ab. Einige glauben, daß nach dem Tode eines Menschen seine Seele noch lange Zeit auf der Erde in der Gemeinschaft ihrer Verwandten bleibt, jedoch so, daß sie Niemand sieht, sie aber sieht und hört alles, und hilft ihren Verwandten im Falle einer Noth. Allein früher oder später muß sie sich auf eine sehr lange Reise begeben, nach dem Lande der Geister, gegen Sonnenuntergang. Diese Reise dauert mehrere Monate, und ist mit vielen Beschwerden verbunden; die Seele muß oft reißende Ströme auf einem einzigen Balken übersetzen, und wird oft von wilden Hunden und andern wilden

Thieren überfallen.[9] Da die Indier glauben, daß die Seele auf dieser Reise noch immer alle Bedürfnisse eines Menschen auf Erden hat, versehen sie ihre Verwandten mit allem, was sie selbst auf Reisen mitzunehmen pflegen. Daher werden Nahrungsmittel, Waffen, ein Feuerzeug, eine Tabackspfeife und Taback in das Grab gelegt. Diese Gewohnheit ist allgemein unter den nord=amerikanischen Indiern. Einige Indier haben die Gewohnheit, auch eine Flasche Branntwein ihrem Verwandten auf die lange Reise mitzugeben.

So glauben auch alle Indier, mit Ausnahme Einzelner, an Belohnung und Bestrafung in der andern Welt; allein rücksichtlich der Art dieser Belohnung und Bestrafung, so wie auch rücksichtlich dessen, was der Seele eine Belohnung oder Bestrafung verschaffen wird, sind sie verschiedener Meinung. Wenn ein Indier ein geschickter Jäger und tapferer Krieger ist, und viele Feinde seines Stammes erschlagen hat; dieß sind, nach ihren Begriffen die gültigsten Ansprüche auf Belohnung in der andern Welt. Mitleid mit Nothleidenden, Gastfreundschaft, so wie auch heldenmüthige Ertragung der Leiden sind gleichfalls Ansprüche auf Belohnung.

Die Indier glauben, daß auch die Thiere in jenes Land der Glückseligen, welches sie sich in der andern Welt vorstellen, übersetzt werden, nicht um ihretwillen, sondern um den Glückseligen zum Jagdvergnügen zu dienen; denn die allgemeine Vorstellung der Indier von der Glückseligkeit in der andern Welt ist diese, daß sie in einem Lande leben werden, in welchem das angenehmste Clima herrscht, und der Boden mit unvergänglichem Grase und unverwelklichen Blumen von dem aufgesuchtesten Geruche bedeckt ist. Die anmuthigen Wälder voll des schönsten Gewildes, und die klärsten Seen, voll der besten Fische, wechseln in jenem glücklichen Lande mit grünen Ebenen ab. Und nun in diesem Lande werden die glückseligen Indier ewig jagen und fischen, und zwar nicht mit Mühe und Beschwerden, wie in diesem Leben, sondern mit immer neuem Vergnügen. Um in dieses Land zu kommen, muß die Seele einen unermeßlich tiefen Abgrund auf einem schwachen Balken übersetzen. Die Guten gehen mit Leichtigkeit, ohne zu schwanken über den Balken hinüber, und gelangen in das glückselige Land. Die Bösen hingegen, als Mörder, Diebe und Feigherzige u. s. w. tragen die Last ihrer Verbrechen mit sich. Diese Last beschwert sie und macht sie so sehr schwanken, daß sie endlich das Gleichgewicht verlieren, und in den schaudervollen Abgrund stürzen, wo sie für immer verloren sind. Dies ist ihre Vorstellung von der Hölle. Was aber die Bösen in diesem Abgrunde zu leiden haben, das wissen die Indier nicht anzugeben; sie sagen nur im Allgemeinen, daß die Bösen dort ewig leiden.

Andere hingegen glauben, daß der Balken, über welchen die Seelen gehen müssen, über ein tiefes todtes Wasser führt. Die Guten kommen glücklich hinüber, und kommen in das Land der Glückseligen, wo sie alle Arten von Ergötzlichkeiten ewig genießen. Die Bösen hingegen fallen in's Wasser, und sinken bis zum Halse, und verbleiben dann ewig in dieser Lage. Sie

---

[9] Die Indier glauben an eine Art von Personifizirung der Seele in der andern Welt.

sehen das Land der Glückseligen, und sehen alle ihre Ergötzungen und Genüße, allein sie kön=
nen nie auf dem Waſſer kommen, um an ihrem Vergnügen Theil zu nehmen.

Wieder Andere glauben, daß die Seele in einem hohlen Baumstamme über einen reißen=
den Strom überfahren muß. Die Guten, die von keiner Laſt der Verbrechen beschwert sind,
springen am jenseitigen Ufer schnell an's Land, und befinden sich im Lande der Glückseligen.
Die Böſen hingegen, die die Laſt ihrer Verbrechen niederdrückt, sind gleichsam wie alte
schwache Leute, sie steigen langsam auf dem hohlen Baumstamme, dieser entschlüpft, und sie
fallen ins Waſſer, und verwandeln sich in schaudervolle Kröten, in welchem Zustande sie ewig
verbleiben.

Die Indier der nördlichern Stämme, die außerordentlich viel von der Kälte leiden, glau=
ben, daß das Land der Glückseligen nebst den oben erwähnten Annehmlichkeiten auch noch
diese gute Eigenschaft hat; daß dort ein ewiger Sommer herrſcht. Das Land hingegen, in
welches die Böſen nach dem Tode werden verwiesen werden, ist außerordentlich kalt und wüſt,
und mit ewigem Schnee bedeckt. In dieſem Lande werden die Böſen mit vielen Beschwerden
kaum so viel Thiere erlegen können, um kümmerlich zu leben.

Die nord=amerikanischen Indier glauben nicht nur an das Daseyn des Großen Geiſtes,
welchen sie auch den guten Geiſt nennen, und welcher nach ihren Begriffen in der Luft lebt;
sondern sie glauben auch an einen böſen Geiſt, welcher unter der Erde hauſet, und sehr mäch=
tig iſt. Sie entrichten ihre Opfer halb dem einen, halb dem andern. Sie glauben auch an die
Existenz untergeordneter Geiſter, die gewiße Personen oder Oerter unter ihrem Schutze ha=
ben. Diesen Schutzgeiſtern bringen sie Taback zum Opfer, wenn sie an jene Oerter kommen,
die sie unter dem Schutze eines Geiſtes glauben.

Ich hatte die Gelegenheit, mehrere dergleichen von den Indiern verehrte Oerter zu sehen,
als ich auf dem See Superior reiste. So z. B. gibt es ungeheure Felsenwände und Felsenmaſ=
sen an den Ufern dieſes Sees, die in der Entfernung in allerlei Formen erscheinen, und einen
großen majeſtätischen Anblick verschaffen. Diese erstaunlichen Felsenmaſſen sind ein Gegen=
stand der Verehrung unter den Indiern. Wenn ein Indier an diese Stellen kommt, zündet er
seine Tabackspfeife an, wirft ein Stück Taback in's Waſſer, und fährt in feierlicher Stille
vorüber. Oft geschieht es auch, daß ein Indier da aufsteigt, und mittelſt eines weiten Umweges
auf den Gipfel der Felsenwand klettert, wo er ein Stück Taback als Opfer hinlegt, und feſt
vertrauend auf den Bestand des Schutzgeiſtes dieser Gegend im stürmischen Wetter, schifft er
sich wieder ein und setzt seine Reise fort.

Die Indier eines Stammes, jenseits des Miſſiſippi, verrichten noch gegenwärtig alle Jahre
ein Mahl gewiße schaudervolle Ceremonien, die den religiösen Gebräuchen einiger oſt=
indischen Völker ähnlich sind. Ein englischer Reisender, der den Sommer 1832 unter jenen
Indiern zubrachte, berichtet hierüber Folgendes.

In der Mitte des Dorfes, in welchem er sich aufhielt, ist ein runder Platz, etwa 150 Schuh im Durchmesser. Am Rande befindet sich eine große Opferhütte von 70 bis 80 Schuh im Durchmesser. Am Morgen des Tages, der dem Anfange der Ceremonien vorhergehet, erscheint in der Entfernung ein Mann, der den ersten Menschen vorstellt. Dieser Mann ist roth bemahlt, seine Kleidung besteht aus vier weißen Wolfshäuten, sein Kopfputz auf den Federn von zwei Raben, und in seiner rechten Hand hält er eine Tabackspfeife von ungeheurer Größe. Er nähert sich langsam dem Dorfe, und kommt endlich mit vielen Ceremonien in's Dorf. Er geht nun in alle Hütten, und verlangt überall ein Messer, oder ein anderes scharfes Instrument, mit der Bemerkung, daß mit dergleichen Werkzeugen das große Floß (die Arche) verfertiget wurde. Diese Messer werden am Ende der Ceremonien als Opfer in's Wasser geworfen.

Am folgenden Morgen geht er in die Opferhütte, die inwendig rund herum mit Hirnschalen von Menschen und Büffelochsen geziert ist. Eine Menge junger Indier folgen ihm nach, um sich da peinigen zu lassen. Sie sind fast ganz nackt und gräßlich bemahlt. Sie setzen oder legen sich an den Seiten der Hütte nieder, und erwarten den Ceremonien-Meister, der bald darauf erscheint. Sein Leib ist gelb bemahlt, er hat einen ledernen Gürtel und eine weiße Mütze. Diesem überreicht nun der erste Mensch seine große Tabackspfeife, und geht davon, und erscheint nicht wieder bis zur nächsten jährlichen Feierlichkeit.

Der Ceremonien-Meister bleibt nun 4 Tage und Nächte ununterbrochen in der Opferhütte, ohne Speise und Trank, und schreit und heult beinahe die ganze Zeit auf die gräßlichste Weise. Eben so bleiben auch die jungen Indier, die in der Hütte sind, alle 4 Tage und Nächte ohne Speise und Trank.

Während der drei ersten Tage werden verschiedene Tänze vor der Hütte von andern Indiern, nicht von jenen, die in der Hütte sind, verrichtet. Diese Tänzer sind fantastisch gekleidet und häßlich bemahlt. Am dritten Tage Nachmittags erscheint wieder ein Mann in der Ferne, der hin und her rennt, und sich immer dem Dorfe nähert. Sobald ihn die Indier erblicken, scheinen sie in großer Furcht und Angst zu seyn. Endlich kommt er in das Dorf und rennt wüthend von einer Hütte zur andern. Er ist ganz nackt, und schwarz bemahlt, in seiner rechten Hand hält er einen weißen Stab. Dieser Mensch stellt den bösen Geist vor. Nun kommt ihm der Ceremonien-Meister mit seiner großen Tabackspfeife entgegen, die er so sehr fürchtet, daß er sogleich zurückweicht, wenn jener sie gegen ihn ausstreckt. Die Bewohner des Dorfes flüchten sich zum Ceremonien-Meister, der sie gegen die Unfälle des bösen Geistes mit seiner Tabackspfeife beschützt. Endlich wird diesem bösen Geiste sein weißer Stab aus den Händen gerissen, und er entflieht.

Am vierten Tage gehen Scenen vor, die Schauder erregen. Einer der jungen Indier, ganz ermattet von Hunger und Durst, tritt in die Mitte der Opferhütte, kniet nieder, neigt sein Haupt, und erwartet seine Peiniger. Diese kommen und reißen ihm mit ihren Nägeln die

Haut auf dem obern Theile des Rückens auf beiden Schultern auf, etwa anderthalb Zoll weit, und schieben ein stumpfes Eisen von einer Oeffnung zur andern unter der Haut durch. Diesem Eisen wird ein hölzerner Stab von der Dicke eines Daumens nachgeschoben, so daß die beiden Enden des Stabes auf jeder Seite heraufreichen. An jedes Ende des Stabes wird ein Strick gebunden, und der bedauernswürdige Fantast wird nun an diesem Stabe in seinem Rücken mit den Stricken in die Höhe gezogen.

Dieß ist jedoch nicht Alles. Nun werden ihm auf die nämliche Weise auch durch seine beiden Arme ober und unter dem Ellbogen, so wie auch durch seine Beine ober und unter den Knien, Stäbe unter der Haut durchgeschoben, und an diese Stäbe werden seine Pfeile und sein Bogen, sein Schild und seine Lanze, ja sogar Hörner und Hirnschalen von Büffelochsen gehängt. Nun werden die Stricke noch angezogen, bis der unglückliche Indier 6 bis 7 Schuh hoch über der Erde schwebt. So hängt er, ganz mit Blut überronnen, lange Zeit, und bittet den großen Geist mit kläglichem Tone, er möchte ihm ein langes Leben und eine fortwährend gute Jagd verleihen.

Auf die nämliche Weise lassen sich auch alle die übrigen jungen Indier, die in der Opfer= hütte eingegangen sind, peinigen, und jeder bleibt dann in diesem schaudervollen Zustande so lange hängen, bis man für sein Leben besorgt zu seyn anfängt, worauf er herabgelassen wird, und gewöhnlich besinnungslos zu Boden fällt. Nach und nach werden alle herabgelassen, allein ihre Peinigung ist noch nicht zu Ende. Sobald sie sich erholen; werden sie auf der Opferhütte auf den runden Platz geführt, und schleppen alles was an die Stäbe gehängt wurde, nach. Auf diesem Platze befinden sich über 100 junge Indier, die sich einer den andern bei der Hand halten, und, so schnell als möglich in die Runde rennen. Außerhalb dieses Cirkels befinden sich die blutenden Opfer des Aberglaubens, die Stäbe sind noch mitten in deren Rücken, Armen und Beinen, nebst allem was daran gehängt wurde. Jeder hat zwei starke Indier um sich, die ihn an einem ledernen Gürtel, der um seine Lenden geht, nach sich ziehen, und mit ihn in die Runde laufen, bis er vor Schmerzen und Blutverlust so geschwächt wird, daß er besinnungslos zu Boden fällt. Nun schleppen ihn seine zwei Begleiter noch auf dem Boden so lange in die Runde herum, bis er kein Zeichen des Lebens mehr von sich gibt. Dann binden sie ihn los, und lassen ihn liegen, und wenn er noch lebt und sich erholt, schleppt er sich selbst ohne alle Bei= hülfe nach seiner Hütte.

Ein Indier, der sich diesen schaudervollen Ceremonien oder vielmehr Grausamkeiten un= terzogen hat, wird für einen der angesehensten Männer des Stammes gehalten.

Einige nördlichere indische Stämme so wie auch die Otschipwe=Indier hatten selbst noch in den neuern Zeiten Menschenopfer im Gebrauche. Ein alter Canadier, der schon über fünf= zig Jahre in dieser Gegend lebt, erzählte mir öfters, daß er die Indierinn gekannt hat, deren Sohn das letzte Schlachtopfer dieser Art war. Die Indier versammelten sich im Walde, und hielten Rath, um das Schlachtopfer aufzufinden, und beschloßen endlich den Mann der er=

wähnten Indierinn zu opfern. Sie sandten nun einige auf ihrer Mitte, um zuerst das Weib zu hohlen. Als sie zu ihnen gekommen war, erklärten sie ihr, daß sie ihren Mann auserwählt haben, um ihn zu opfern. Das Weib wagte nicht sich zu widersetzen, weil sie die Rache der Indier fürchtete; allein sie bath sie, lieber ihren Sohn als ihren Mann zu opfern, weil von den Bemühungen dieses letztern ihr Lebensunterhalt abhinge. Die Indier willigten ein, und schickten sogleich nach dem Jünglinge. Dieser ging hin, ohne zu wissen, warum er verlangt wurde. Als er angekommen war, stellten sie ihn vor, daß es sein Schicksal sey, geopfert zu werden, und daß er es standhaft ertragen müsse. Darauf tödteten und opferten sie ihn und nach den Opfergesängen und übrigen Ceremonien hielten sie das Opfermahl, und verzehrten das Schlachtopfer.

Dieser höchste Grad der barbarischen Wildheit scheint jetzt, da die Indier häufiger mit Weißen untermischt sind, gänzlich aufgehört zu haben.

Gegenwärtig bestehen die religiösen Gebräuche der Otschipwe=Indier, so wie auch der meisten nördlichern Stämme darin, daß sie von Zeit zu Zeit Opfergesänge und Opfertänze halten. Jene, die daran Theil nehmen wollen, versammeln sich Abends in einer Hütte um ein Feuer, und singen einer nach dem andern auf vollem Halse. Nach dem Gesange sprechen sie in einem sehr widrigen Monotone lange Zeit so schnell, daß man sie unmöglich verstehen kann, wenn man nicht schon im Voraus weiß, was sie sagen wollen.

Während des Gesanges schlagen sie ununterbrochen auf eine große Trommel, die man in stillen Nächten 2 bis 3 Meilen weit hören kann. So singen und schreien sie bis Mitternacht. Sie wiederhohlen diese Gesänge drei Abende nacheinander; und am vierten Tage versammeln sie sich zum Tanze. Sie machen zu diesem Ende eine sehr lange und schmale Hütte auf Baum=äſten oder Birkenrinden. In dieser Hütte springen sie, wie Rasende den ganzen Tag auf und ab; wenn die Einen müde sind, ersetzen die Andern ihre Stelle. Mehrere Trommeln werden fortwährend geschlagen, und jene, die nicht tanzen, sitzen an den Seiten der Hütte, und singen und schreien, daß man ihre Stimmen beinahe eben so weit hören kann, als ihre Trommeln. Nach dem Tanze wird ein Opfermahl gegeben, und wenn sie keine andern Lebensmittel ha=ben, (was ihnen oft widerfährt), schlachten sie einige ihrer Hunde zu diesem Mahle.

Einige Stämme haben eine andere Art von religiösen Tanze. Sie vereinigen sich Abends in einer großen eigens dafür gemachten Hütte. Den Tanz eröffnen ein Weib und ein Mädchen. Diesen folgt ein Mann von mittlern Jahren, mit einer Mütze und einem Mantel auf Thierhäuten, der wüthend in der Hütte auf und ab springt und schreit. Darauf kommt ein junger Mann in die Hütte, stürzt auf den ersten los, und ringt mit ihm, als wollte er ihn auf den Boden werfen. Nun ergreift der Aeltere eine Klapper, womit er einen fürchterlichen Lärm schlägt, der Jüngere folgt seinem Beispiele, und beide rennen in der Hütte herum, und schreien auf allen Kräften. Nachdem sie lange Zeit so herumgetobt haben, setzen sie sich nieder, und ein anderer steht auf, und hält eine Rede, in welcher er den bösen Feind anspricht, ihn zu besänftigen sucht und ihn bittet, er möchte Mitleid mit ihnen haben, und ihnen nicht schaden. Der Indier, der diese Anrede hält, spricht so laut, und macht dabei so gewaltsame Bewegungen, daß ihm gewöhnlich der Schweiß in Strömen über das Gesicht rinnt. Nach dieser Anrede hält er einen Umgang mit einem seiner Gefährten um die Hütte, wobei die Trommeln gewaltig geschlagen werden. Die übrigen Indier sitzen an den Seiten der Hütte, und rauchen beständig Taback. Diese Albernheiten dauern die ganze Nacht. Am folgenden Morgen wird die ganze Gesellschaft zum Opfermahle geladen, und mit gesottenem Hundsfleisch tractirt. Darauf wird auch die Brühe in kleine Schalen auf Birkenrinden geschöpft, und den Gästen dargereicht.

Die nord-amerikanischen Indier haben auch allerlei Götzenbilder, große und kleine. Die großen sind in ihren Dörfern oder vor einzelnen Hütten aufgestellt, und bestehen auf einem hohen Pfosten mit der Vorstellung eines menschlichen Gesichtes am Ende. An diese Pfosten hängen sie alte Lumpen, Bänder und bunte Federn. Die kleinen Götzen haben sie in ihren Hütten, oder tragen sie mit sich herum. Diese bestehen auf kleinen, 3 bis 4 Zoll langen Statuen, und sind rohe Vorstellungen eines menschlichen Wesens. Sie haben jedoch keine Götzentempel, und bringen ihren Götzen auch keine Opfer dar, sondern betrachten sie nur als Vorstellungen ihrer Schutzgeister.

Die Indier verrichten ihre Opfer öfter dem bösen Geiste als dem guten; denn sie glauben, daß ihnen der böse Geist, unabhängig von dem guten Geiste, schaden kann, und suchen daher, ihn durch häufige Opfer zu besänftigen, und seine Gunst zu erhalten.

Die nord-amerikanischen Indier verehren auch einige Thiere, und sogar einige Schlangen als Götzen, und diese verehrten Thiere und Schlangen tödten sie nie, und sind auch nicht zufrieden, wenn die Weißen, die unter ihnen leben, sie tödten. So z. B. verehren sie die Klapperschlange. Sie reden sie manchmal an, und nennen sie ihren Großvater. Ein Reisender berichtet Folgendes von den Indiern, die im südlichen Theile des Gebiethes Michigan leben. „Eines Tages, sagt er, als ich mit einem Indier eine Strecke in den Wald ging, erblickte ich auf einmahl eine Klapperschlange auf dem Wege. Ich wollte sie sogleich tödten, allein der Indier verhinderte mich daran, und sagte mir, daß die Klapperschlange der Großvater aller Indier sey, und daß sie dieselben vor Unglück bewahre, indem sie sie mit ihren Klappern warne, um sich zu schauen und immer auf ihrer Huth zu seyn. Wenn wir eine dieser Schlangen tödten würden, sagte er mir, so würden es die Uebrigen bald erfahren, würden wider uns aufstehen, und uns vernichten. Ich sagte ihm hierauf, daß die Weißen alle Klapperschlangen tödten, die sie finden. Er fragte mich nun, ob die Weißen jemahls von diesen Schlangen gebissen werden, und ich antwortete ihm bejahend. Kein Wunder, erwiederte der Wilde, ihr habt ihnen den Krieg erklärt, und sie sind nun für immer eure Feinde. Thut nicht das Nämliche hier in unserm Lande. Wir sind gute Freunde mit ihnen, und wir thun einer dem andern nie etwas Leides."

Dieser nämliche Aberglaube ist auch unter den nördlichen Indiern zu finden. Ein Wei=
ßer, der mit diesen Indiern reisete, wollte einmahl eine Klapperschlange, die er auf seinem
Wege fand, erschießen. Allein die Indier bathen ihn dringend, er möchte daß nicht thun; und
um sie nicht zu beleidigen, ließ er die Schlange am Leben. Die Indier machten nun, jedoch in
einer vorsichtigen Entfernung, einen Zirkel um die Schlange, und redeten sie, einer nach dem
andern an, sie immer Großvater nennend. Zugleich zündeten sie ihre Tabackspfeifen an, und
bliesen den Rauch gegen die Klapperschlange. Diese Ceremonien dauerten ungefähr eine halbe
Stunde, und hätten wohl noch länger gedauert, wenn die Schlange, die dieser Ehrenbezeu=
gungen endlich überdrüßig wurde, sich nicht davon geschlichen hätte. Die Indier folgten ihr
ehrfurchtsvoll nach, und bathen sie, sie noch ferner zu beschützen, so wie auch ihre Familien,
die sie zu Hause gelassen haben. Einer dieser Indier bath unter anderm auch die Schlange, sie
möchte die Verunehrung, die ihr der Fremdling bezeigt hat, nicht übel aufnehmen, und ver=
gaß nicht zu bemerken, daß dieser Verwegene sie sogar getödtet hätte, wenn sie, die Indier,
ihn nicht um ihr Leben gebethen hätten.

Die Träume sind ein fernerer Gegenstand des Aberglaubens aller nord=amerikanischen
Indier. Sie sind leidenschaftliche Traumdeuter, und richten gewöhnlich ihre ganze Lebenswei=
se, so wie auch einzelne Handlungen nach ihren Träumen ein. Wenn sie lange Zeit keinen
bedeutsamen Traum gehabt haben, fasten sie mehrere Tage nacheinander, um Träume zu
veranlassen.

Nebst dieser Art von Fasten haben die nord=amerikanischen Indier das sogenannte
Schicksalfasten, wodurch sie Träume erregen, die, wie sie glauben, sie in die Kenntniß ihres
künftigen Schicksals setzen. Dieses Fasten ist sehr peinlich. Sobald ein indischer Knabe oder ein
indisches Mädchen sein zehntes oder zwölftes Lebensjahr erreicht hat, ermahnen ihn seine Ael=
tern oder übrigen Verwandten sich diesem Fasten zu unterziehen. Die Mädchen thun jedoch
dieses seltener, als die Knaben. Der junge Indier geht nun in den Wald, und macht sich eine
kleine Hütte auf Baumästen, worin er sich aufhält, und weder ißt noch trinkt, so lange er es
nur aufhalten kann. Manche fasten nur 6 oder 7 Tage, andere 10 bis 12 Tage nacheinander,
ohne die geringste Nahrung zu sich zu nehmen.

Sie thun dieß, um bedeutende und seltsame Träume zu veranlassen. Man kann sich vor=
stellen, daß die Indier durch ein so gewaltsames Mittel gewiß sonderbare Träume hervor=
bringen. Auf diesen Träumen nun bilden sich die jungen Indier, entweder selbst, oder mit
Hülfe ihrer Verwandten, ein gewißes Schicksal ihres Lebens, und glauben fest, daß das, was sie
geträumt haben, gewiß geschehen wird.

So z. B. unterzog sich ein indisches Mädchen diesem Schicksalfasten, als sie zwölf Jahre
alt war, und fastete zehn Tage nacheinander. In dieser Zeit träumte sie unter anderm, daß
ein Mann zu ihr kam, ihr zwei Krücken überreichte, und ihr sagte: „Diese zwei Krücken gebe
ich dir, damit du darauf gehen mögest, und dein Haar mache ich weiß wie Schnee." Sie ver=

stand ihren Traum günstig, und hatte ihr ganzes Leben hindurch ein so großes Vertrauen in ihren Traum, daß sie, wenn sie auch in augenscheinliche Todesgefahr kam, nichts fürchtete, weil sie fest glaubte, daß sie so alt werden wird, daß sie wird auf Krücken gehen müssen, und daß ihr Haar schneeweiß werden wird.

Ein Otschipwe=Indier in Fond du Lach träumte in seinem Schicksalfasten, daß es sein Schicksal seyn werde, fünf Personen im Laufe seines Lebens zu tödten. Er glaubte so fest an die nothwendige Erfüllung seines Traumes, daß er, als er Mann geworden war, Gelegenheit zu suchen anfing, seinem Schicksale gemäß zu handeln. Er hatte bereits drei Indier zu ver= schiedenen Zeiten getödtet, und suchte noch eine fernere Gelegenheit, die er bald fand. Ein Pelzhändler beleidigte ihn nämlich, und der unglückliche Wilde ergriff sein großes Messer, und tödtete kaltblütig den Canadier. Die übrigen Canadier nahmen nun den Mörder gefangen und verhörten ihn. Er gestand auch seine vorigen Mordthaten, erzählte ihnen seinen Traum, und fügte bei, daß er nothwendig so handeln müsse, weil es sein Schicksal sey, und daß ihm nur noch eine That dieser Art übrig bleibt, um sein Schicksal zu erfüllen. Als die Canadier dieses hörten, ließen sie den barbarischen Wilden hinrichten, um ihm seinen verdienten Lohn zu ge= ben, und um wenigstens die letzte Mordthat, die er noch ausüben wollte, zu verhindern.

# Zehntes Hauptstück.

## Fortsetzung von der Religion.

Die nord-amerikanischen Indier, so wie alle rohen Völker, sind voll Aberglaubens. Dieses benützen einige unter ihnen, die schlau genug sind, um ihre leichtgläubigen Stammesgenossen zu hintergehen, und auf Kosten ihrer Leichtgläubigkeit wohl zu leben.

Es gibt unter allen indischen Stämmen eine Menge Gaukler und Betrüger, die sich als erleuchtete Personen und als Teufelsbeschwörer aufgeben, und durch allerlei Kunstgriffe die übrigen Indier glauben machen, daß sie übernatürliche Kenntnisse und Kräfte besitzen, und Gewalt über die bösen Geister haben.

Diese Betrüger leben sehr gut, denn sie lassen sich von ihren abergläubischen und einfältigen Stammesgenossen für ihre Gaukeleyen sehr gut bezahlen. So z. B. wenn es im Sommer lange Zeit nicht regnet, wenden sich jene Indier, welche Feldbau treiben, an einen ihrer Zauberer mit der Bitte, ihnen Regen zu verschaffen. Er findet sich gleich bereit, ihre Bitte zu erhören, allein unter der ausdrücklichen Bedingung, daß er im Voraus bezahlt werden muß. Nun machen die Weiber, (denn dieß ist unter den nord-amerikanischen Indiern die feldbauende Classe) sogleich eine Sammlung im ganzen Dorfe. Diese Sammlung besteht aus Taback, Glascorallen, silbernen Ohrgehängen, Nasen- und Fingerringen, Kleidungsstücken, Lebensmitteln u. dgl. Diese Sammlung, die oft sehr bedeutend ausfällt, wird dem Betrüger übergeben, und nun beginnt er sogleich seine Operationen. Zuweilen trifft es zufällig ein, daß es bald nach seiner Gaukelei zu regnen anfängt, und der Gaukler wird dann als einer der größten Männer des Stammes angesehen.

Allein sehr oft geschieht es auch, daß trotz aller seiner Bemühungen doch kein Regen erfolgt. In diesen Fällen haben diese Betrüger hundert Ausflüchte und Rechtfertigungen, auf welche sie sich, auf den Fall eines mißlungenen Versuches schon im Voraus gefaßt machen. Sie sind unverschämt genug, als ein Haupthinderniß des guten Erfolges ihrer Operationen das anzugeben, daß sie nicht genug gestärkt worden sind, um die Winde, die den Regen abwendeten, zurück zu treiben, das heißt, daß sie nicht genug bezahlt wurden. Und die Indier sind einfältig genug, eine zweite reichlichere Collecte aufzutreiben, um ihren Zauberer stark genug zu machen.

Ein Reisebeschreiber erzählt folgende Anecdote von einem alten indischen Gaukler, der wirklich ein großer Kenner des Wetters war. Im Jahre 1799 war die Dürre in einigen Gegenden von Nord-Amerika außerordentlich drückend, so daß alle Feldfrüchte in Gefahr waren, gänzlich zu Grunde zu gehen. In dieser Noth wendeten sich die Weiber an den alten Gaukler, und bathen ihn dringend, ihnen Regen zu verschaffen. Sie gaben ihm eine gute Bezahlung, und er machte seinen Versuch, allein nach langen fruchtlosen Bemühungen gab er alle Hoff-

nung des Gelingens auf. Die Weiber machten eine zweite stärkere Sammlung, und der Zau=
berer unternahm seinen zweiten Versuch. Er machte sich eine kleine Hütte auf Birkenrinden,
machte eine kleine Oeffnung gegen Norden, und eine andere gegen Süden; dann wendete er
sich gegen Norden, und murmelte einige unverständliche Worte durch die Oeffnung, darauf
vermachte er diese Oeffnung, und wendete sich gegen Süden, murmelte wieder einige Worte
durch die Oeffnung, und vermachte dann auch diese Oeffnung. Bald darauf schrie er: "Nun
werden wir bald Regen genug haben!"

Jetzt kamen einige Indier in einem Fischerkahne herbei. Als der Gaukler in der Hütte
das Rudern der Fischer hörte, fragte er, was das sey. Man sagte ihm, es seyen Fischer, die auf
den Fischfang gehen. "Saget ihnen, sie möchten umkehren, und nach Hause gehen, rief nun der
Gaukler auf seiner Hütte, im Regenwetter fängt man hier keine Fische." Die Fischer setzten
jedoch ihre Fahrt fort, und schrien dem Gaukler zu: "Vater, gib uns nur Regen, wir wollen
gern ganz naß werden, und leer nach Hause gehen."

Der Reisende, der dieses berichtet, sah und hörte dieses selbst. Er ging nur weiter in ein
benachbartes indisches Dorf, und erzählte dem Oberhaupte des Dorfes, was er gesehen und
gehört hatte, und bemerkte zugleich, daß er nicht glaube, daß dieser Gaukler mit allen seinen
Künsten einen Tropfen Regen werde herbeiführen können, da das Wetter so schön, und die
Atmosphäre so rein war. Darauf antwortete ihm der Oberhäuptling, daß er diesen Mann seit
langer Zeit kenne, und vollkommen überzeugt sey, daß das Wetter allezeit so eintrifft, wie er
es vorhersagt. Und so geschah es auch diesmahl. Obwohl die Atmosphäre den ganzen Tag hin=
durch rein blieb, erschienen gegen Abend einige Wolken, die sich schnell ausbreiteten, und ein
starker Regen von mehreren Stunden erfolgte.

Diese indischen Gaukler sind auch Orakelsprecher, und geben vor, die Zukunft zu kennen,
so wie auch Ereignisse, die sich in großer Entfernung von ihnen zutragen, angeben zu können.
Zwei Beispiele, eins auf den ältern, und das andere auf den neuern Zeiten, mögen hier hin=
reichen.

Im Jahre 1764, ein Jahr nach dem Kriege, welchen die Engländer gegen die Franzosen
in Canada geführt, und wobei beide Mächte soviel als möglich Indier auf ihre Seite zu brin=
gen gesucht hatten, schickte der englische General Johnson den Indiern am See Superior die
Nachricht von dem Friedensschluße zwischen England und Frankreich, und lud auch sie zum
Friedensbündnisse ein. Sobald die Indier diese Nachricht erhalten hatten, versammelten sie
sich, und ließen einen ihrer vorzüglichen Zauberer kommen, um mittelst seiner Orakelsprüche
zu erfahren, was sie zu thun hätten. Der Gaukler kam, und es wurde ihm sogleich eine Hütte
auf Thierhäuten bereitet. Er wählte die Nacht für seine Gaukeleien. Die Indier zündeten um
die Hütte herum mehrere Feuer an. Kaum war er in seine Hütte gekommen, als diese hin und
her zu schwanken und zu beben anfing; und man vernahm allerlei sonderbare Stimmen in
der Hütte, in welcher niemand war, als der Gaukler. Plötzlich hörten alle diese Stimmen auf,

und eine vollkommene Stille erfolgte, die eine kurze Zeit dauerte. Bald hörte man wieder allerlei einzelne Stimmen von Zeit zu Zeit; allein die umstehenden Indier bezeugten ihr Mißfallen an allen diesen Stimmen, und sagten, daß diese Stimmen von Lügengeistern seyen. Endlich hörte man eine kleine schwache Stimme, und kaum vernahmen sie die umstehenden Indier, als sie in ein lautes Freudengeschrei ausbrachen, und sagten, daß nun der Meistergeist in die Hütte des Zauberers herabgekommen ist, welcher immer die Wahrheit spricht. Nun fingen die Indier an, Freudenlieder zu singen, und sangen eine halbe Stunde. Nach geendigtem Freudengesange vernahm man die Stimme des Gauklers, der auf seiner Hütte den Indiern zurief, daß der Meistergeist sich in der Hütte befinde, und bereit sey, alle Fragen zu beant= worten, die man ihm stellen würde.

Der Oberhäuptling des Ortes wurde aufgefordert, Fragen an den Geist zu stellen. Er nahm nun eine große Menge Taback, und opferte ihn dem Geiste, indem er ihn durch eine Oeffnung am Boden in die Hütte schob. Darauf fragte er den Orakelgeist, ob die Engländer gesonnen seyen, Krieg gegen die Indier zu führen, und ob es in der Festung am Niagara= Falle viele englische Truppen gibt. Unmittelbar nach dieser Frage erbebte die Hütte des schlauen Betrügers so heftig, daß die Engländer, die Zeugen der Verhandlung waren, glaub= ten, sie müsse zu Boden fallen. Dieß war, nach der Aussage des Gauklers, das Zeichen, daß der Geist die Hütte verlassen habe, und nach Niagara geflogen sey, (ungefähr 1000 Meilen weit) um die nöthige Runde zur Beantwortung der Frage einzuziehen. Es erfolgte eine allgemeine Stille, und der Gaukler ließ seinem Geiste eine Viertelstunde zu seiner Hin= und Herreise.

Nach einer Viertelstunde vernahm man auf einmahl eine sonderbare und ganz unver= nehmliche Stimme. Es war, wie die Indier sagten, der Orakelgeist, der dem Gaukler erzählte, was er in Niagara gesehen hat. Nun redete der Betrüger die Indier laut an, und sagte ihnen, daß der Meistergeist berichtet, er habe zu Niagara sehr wenig englische Truppen gesehen, al= lein zwischen Niagara und Montreal (der Hauptstadt von Canada) habe er auf dem St. Lo= renzstrome eine unzählige Menge von Booten gesehen, die mit englischen Truppen angefüllt waren, daß sie den Strom aufwärts fahren, und gesonnen seyen, die Indier zu befriegen.

Nun stellte ihm der Oberhäuptling noch eine andere Frage, nämlich, ob der englische Ge= neral, der sie zu einem Friedensbündnisse einladet, sie günstig aufnehmen werde, wenn sie in ihren Kähnen zu ihm fahren. – Der Gaukler antwortete sogleich, ohne sich zu bedenken, im Namen des Orakelgeistes, daß der General die Kähne aller jener Indier, die zu ihm kommen werden, mit wollenen Decken, mit Kesseln, Schießgewehren, Pulver und Blei; und mit Branntweinfäßchen anfüllen werde. Als die umstehenden Indier dieses hörten, fingen alle an zu schreien: „Ich werde gehen! ich werde gehen."

Nach diesen, das allgemeine Interesse betreffenden Fragen wurde es auch einigen einzel= nen Individuen erlaubt, Fragen an den Orakelgeist zu stellen, die der listige Betrüger immer so beantworten mußte, daß er sich auf jeden Fall aus der Schlinge ziehen konnte.

Ein neueres Beispiel von Orakelsprüchen der indischen Gaukler, mittelst der Geister, die sie in die Hütte kommen zu lassen vorgeben, hat man im Jahre 1826 zu Fond du Lac gesehen. In diesem Jahre, (wie späterhin ausführlicher gemeldet werden wird,) kamen mehrere angesehene Staatsbeamten der Republik der vereinigten Staaten nach Fond du Lac, um Unterhandlungen mit den Indiern zu pflegen. Eines Tages wurden diese Staatsbeamten von den Indiern eingeladen, Zeugen ihrer Orakelfeierlichkeit zu seyn. Sie gingen an die angezeigte Stelle, und fanden eine kleine Hütte, die nur am Gipfel eine Oeffnung hatte, übrigens aber sehr fest vermacht war. Sie fanden die Indier alle auf der Erde sitzend, nun stand einer auf, und stieg auf den Gipfel der Hütte, setzte sich nieder, und fing an sehr leise einige unverständliche Worte zu murmeln. Er erhob seine Stimme immer mehr, bis er endlich auf allen Kräften schrie, und dann stieg er wieder mit seiner Stimme stufenweise bis zum leisesten Tone herab, bis sich seine Stimme ganz verlor. Dieß war eine Anrede an den großen Geist, in welcher er ihn bath, er möchte ihm einige Teufel schicken, und sie seinen Befehlen unterwerfen. Darauf fing er an zu singen, und stieg durch die Oeffnung in die Hütte. Nun sprach er wieder einige Worte, die Hütte erbebte heftig, und man hörte einen Fall in der Hütte. Die umstehenden Indier sagten, dieß sey das Zeichen der Ankunft seines Geistes. Dieses Beben und Fallen erfolgte fünfzehnmahl, der arme Gaukler war also bereits von 15 Teufeln in seiner Hütte umgeben. Er schien ihrer nun genug zu haben, denn er kündigte es laut an, daß er nun bereit sey, alle Fragen, die man ihm stellen würde, zu beantworten.

Die Staatsbeamten ließen ihm nun die Frage stellen, was der Präsident der vereinigten Staaten in diesem Augenblicke thue? – Plötzlich erbebte die Hütte, und die Indier belehrten die Fremden, daß der Zauberer einen Teufel aufgelassen, und in die Wohnung des Präsidenten geschickt habe, um zu sehen, was er thue. Eine allgemeine Stille erfolgte. Sie wurde jedoch bald durch eine neue heftige Erbebung der Hütte unterbrochen. Der aufgesandte Teufel war bereits von Washington zurückgekehrt und berichtete, daß der Präsident nichts thue, sondern ruhig sitze, und über die Verhandlung in Fond du Lac nachdenke. Es seyen mehrere Personen um ihm herum, die alle ins Papier schauen. Die Staatsbeamten hatten dieser Albernheiten genug, und gingen nach ihrem Zelte.

Die Indier glauben so fest an die übernatürlichen Kräfte und Kenntnisse dieser listigen Betrüger, daß es vergebliche Mühe ist, es zu versuchen, sie von der Bosheit und List ihrer Gaukler und Orakelsprecher zu überzeugen. Diese gebrauchen alle möglichen Kunstgriffe, um ihre leichtgläubigen Stammesgenossen in der Täuschung zu erhalten, denn ihr böser Handel trägt ihnen sehr viel ein, und verschafft ihnen zugleich ein großes Ansehen unter dem Volke.

Diese Betrüger, die besonders im Norden und Westen von Nord-Amerika häufig sind, sind die größten Feinde der christlichen Religion, und legen der Bekehrung der Indier die größten Hindernisse in den Weg. Nebst dem sind sie auch oft einzelnen Personen gefährlich und richten sie zu Grunde. Man hat häufige Beispiele, daß sie Personen, die sie haßten, bei den übrigen Indiern zu verläumden, und sie als Hexenmeister, vor denen die Indier außerordentlich Furcht haben, auszugeben suchten, und fast allezeit gelang es ihnen, und die unglücklichen Schlachtopfer ihrer listigen Rache wurden von den eben so grausamen als abergläubischen Indiern lebendig verbrannt.

Als Beweis, wie unerschütterlich, trotz aller Gegenbeweise, die Indier an die übernatürlichen Kräfte ihrer Gaukler glauben, möge folgende Anecdote von einem Pelzhändler dienen. Sein Name war Anderson. Er war unter den Indiern wegen seiner Ehrlichkeit bekannt, und sie liebten ihn allgemein. Dieser gute Mann bemühte sich oft, die Indier von den Betrügereien zu überzeugen, mit welchen sie ihre listigen Gaukler hintergehen, um auf Kosten ihrer Leichtgläubigkeit gut und bequem zu leben. Allein alle seine Bemühungen waren vergebens, die Indier wurden in ihrem Glauben nicht im Geringsten erschüttert.

Endlich faßte der Ehrenmann den Entschluß, ihnen an seiner eigenen Person öffentlich zu beweisen, daß diese Betrüger mit allen ihren Künsten nichts zu thun vermögen. Er machte daher den Indiern den Vorschlag, daß zwei ihrer berühmtesten Gaukler an zwei verschiedenen Tagen zu ihm kommen, und die volle Freiheit haben sollen, ihm alles Uebel anzuthun, welches sie nur immer mittelst ihrer Künste vermögen, und zwar öffentlich, in Gegenwart aller Indier des Ortes.

Die Indier, die den ehrlichen Pelzhändler sehr liebten, fürchteten für sein Leben, und bemüheten sich, ihn von der Aufführung eines so gefährlichen Vorhabens abzuwenden. Allein der Pelzhändler verharrte bei seinem Vorhaben, und hoffte durch die Aufführung desselben den Indiern praktisch zu beweisen, was ihre Gaukler für Betrüger sind.

Es wurde nun ein Tag bestimmt. Alle Indier versammelten sich um den Pelzhändler, und einer der vorzüglichsten Teufelsbeschwörer wurde herbei geführt. Er trat vor den Pelzhändler, und behauptete mit dreister Miene, daß er diesem Unternehmen vollkommen gewachsen sey, indem er seine Kunst im höchsten Grade besitze, allein daß er es nicht unternehmen wollte, ihm zu schaden. Anderson forderte ihn auf, seine Kunst an ihm zu versuchen. Allein der schlaue Betrüger antwortete, daß er ihn zu sehr liebe, wegen seiner Güte und Ehrlichkeit, als daß ihm sein Herz zuließe, ihn zu vernichten. Er habe seine Kunst nur immer gegen böse Menschen ausgeübt, die es nicht verdienten, auf der Erde zu leben. Der Große Geist verbiethe ihm, seine Kunst gegen einen so guten Mann auszuüben.

Die Indier waren mit der Antwort des schlauen Betrügers ungemein zufrieden, und achteten ihn nun noch mehr; denn nebst dem, daß sie von seinen übernatürlichen Fähigkeiten eben so fest wie vorher überzeugt waren, glaubten sie nun auch seine Rechtlichkeit und Gewissenhaftigkeit zu erkennen.

Am folgenden Tage ließ der Pelzhändler noch einen andern dieser Betrüger kommen. Dieser war der berühmteste Beschwörer seines Stammes. Sein Ruf war weit unter den Indiern verbreitet, und sie fürchteten ihn sehr, nicht nur wegen seiner vermeinten übernatürlichen Kraft, sondern auch wegen der bösen Stimmung seines Gemüthes. –

Die Indier gaben sich neuerdings alle mögliche Mühe, um den Ehrenmann der augenscheinlichen und unvermeidlichen Lebensgefahr zu entziehen, in welche er sich, wie sie glaubten, begeben würde, wenn er sich der Einwirkung der Zauberkraft dieses Mannes aussetzte. Allein er blieb bei seinem Entschlusse, weil er die Betrügerei wohl einsah, und setzte blos einige Bedingungen fest, nämlich, daß der Beschwörer immer einige Schritte von ihm entfernt bleiben müsse, und keine Art von Waffen bei sich haben dürfe. Der Betrüger nahm diese Bedingungen ohne Schwierigkeit an, und behauptete mit verachtender Miene, daß wenn er auch hundert Meilen entfernt wäre, er ihm seine Kraft könnte fühlen lassen.

Die versprochene Bezahlung für den Gaukler wurde nun herbeigebracht, und in seine Nähe gestellt, und er ging seine Operationen an. Er hatte sich so gräßlich gekleidet und bemahlt, daß sein bloßer Anblick einen furchtsamen oder abergläubischen Menschen auf der Fassung zu bringen im Stande gewesen wäre. Anderson stand furchtlos in einiger Entfernung. Der Beschwörer fing seine Künste und Beschwörungen an, und ging sie alle durch, allein ohne alle Wirkung. Der Pelzhändler rief ihm von Zeit zu Zeit zu, er möchte ihn nicht schonen, sondern seine ganze Zauberkraft auf ihn einwirken lassen. Der Beschwörer fing nun an, die fürchterlichsten Geberden zu machen, um dem Pelzhändler Furcht einzujagen; und die Augen aller Zuschauer waren auf ihn gerichtet, um zu sehen, welche Wirkung die Zauberkraft des gefürchteten Mannes auf ihn machen würde. Allein Anderson blieb vollkommen ruhig.

Nun sah der Betrüger wohl ein, daß alle seine Künste nicht den geringsten Einfluß auf den ehrlichen Pelzhändler haben, und ersann eine Ausrede, die ihn, obwohl die Nichtigkeit aller seiner Künste und Beschwörungen offen am Tage lag, in den Augen der abergläubischen Wilden vollkommen rechtfertigte, und seinen Ruf unversehrt erhielt. Er sagte nämlich, daß die große Menge von Salz, welches dieser Mann in seinen Speisen genieße, die Wirkungen der unsichtbaren Kraft, die er gegen ihn anwendet, abtreibe. Die Indier gebrauchen sehr wenig, oder gar kein Salz, deßwegen habe seine unsichtbare Kraft, wenn er sie gegen diese anwendete, nie ihre Wirkung verfehlt; allein dieser Engländer esse so viel gesalzenes Fleisch, und gebrauche so viel Salz in allen seinen Speisen, daß die Zauberkraft von ihm abpralle.

Diese lächerliche jedoch schlaue Ausrede wurde mit so vielem Beifalle von den Indiern aufgenommen, daß sie trotz des gänzlich mißlungenen Versuches, eben so fest an seine übernatürliche Kraft glaubten, wie vorher.

# Elftes Hauptstück.

## Kriegführung der nord-amerikanischen Indier.

Die neuern Indier sind bei weitem nicht mehr so kriegerisch, als es die alten waren. Die alten Indier bildeten ihre Kinder von der frühesten Jugend auf zu Kriegern, und lehrten sie, die Ueberwindung des Feindes, und die Eroberung von Siegeszeichen als den höchsten Grad der Ehre, und als die vorzüglichste Bestimmung ihres Daseyns zu betrachten. In den neuern Zeiten aber gibt es nur noch einige wenige Stämme, die kriegerisch sind. Jene Stämme, die stark mit Weißen untermischt sind, führen gar keine Kriege mehr.

Die Kriegswaffen der alten nord-amerikanischen Indier, ehe die Europäer in ihr Land kamen, bestanden aus einem großen und starken Bogen, und aus Pfeilen, an deren Enden sie scharfe Steine, spitzige Beine, oder Stücke von Kupfer, welches man in Nord-Amerika häufig findet, befestigten. Sie hatten Köcher und Schilde aus Büffelhäuten. Ferners hatten sie Wurf-spieße, die sie mit vieler Geschicklichkeit nach dem Feinde schleuderten, und lange Lanzen, auf die nämliche Art verfertiget, wie die Pfeile. Ueberdieß hatten sie eine Mordart auf einem scharfen Steine oder einem Stücke Kupfer, und einen kurzen Streitkolben in ihrem Gürtel, dessen sie sich bedienten, um ihren verwundeten Feinden die Köpfe zu zerschmettern.

Einige nördlichere Indier, die selten von den Weißen besucht werden, haben noch immer diese Art von Kriegswaffen, und bedienen sich noch wenig der Schießgewehre. Allein die übri-gen Stämme sind nun alle mit Schießgewehren bewaffnet, und erhalten ihre Wurfspieße, Lanzen und Mordäxte von den Pelzhändlern, die sie von civilisirten Schmiden verfertigen lassen. Sie haben auch Dolche, aber wenigstens große Messer in ihren Gürteln. Degen und Säbel haben sie nur, wenn sich die Weißen ihrer zum Kriegsdienste bedienen, um ihre Ar-meen zu verstärken.[10] Von allen ihren alten Waffen haben sie nur noch den Streitkolben bei-behalten, dessen sie sich noch immer zu dem nämlichen Zwecke bedienen, wie ihre Vorfahren.

Es ist bereits erwähnt worden,[11] daß man in den neuern Zeiten keine stehenden Armeen mehr unter den Indiern sieht, sondern daß sie nach abgehaltenem Kriegsrathe und Kriegstän-ze in kleinen Horden räuberische und meuchelmörderische Einfälle in das Gebieth ihres Feindes machen, und sich dann schnell wieder zurückziehen.

Die Kriegstänze der Indier sind ein wesentlicher Bestandtheil ihrer Kriegführung. Die Krieger versammeln sich, ehe sie gegen den Feind ziehen, auf einem ebenen Platze, und tan-zen nach dem Schlage der Trommel um einen Baum oder einen aufgestellten Pfosten herum. In den Pausen dieser Tänze erzählen die ältern Krieger ihre ausgeübten Heldenthaten, um die jungen Krieger anzueifern, nach ähnlichem Ruhme zu streben. In diesen Ruhmreden sind

---

[10] Siehe Seite 13.
[11] Siehe Seite 14.

jedoch die Indier vorsichtig, um nicht zu sehr die Eifersucht eines Nebenbuhlers zu erregen. So geschah es einmahl, daß ein Indier bei einem Kriegstanze mit etwas unbescheidener Prahlsucht von seinen Kriegsthaten redete, wodurch ein anderer Indier, der sich wahrscheinlich verdunkelt fühlte, so gegen ihn aufgebracht wurde, daß er zu ihm trat, und ihm einen Schlag versetzte, der zugleich seiner Ruhmrede und seinem Leben ein Ende machte.

Die Kriegstänze der nord-amerikanischen Indier haben verschiedene Namen. Erstlich der Recrutirungstanz. Dieser Tanz geschieht um einen rothgefärbten Pfosten. Die alten Krieger eröffnen ihn, und laden die jungen Indier ein, sich an sie zu schließen. Wer nun in ihren Zirkel tritt, und mittanzt, wird als Recrut betrachtet, und muß gegen den Feind mitziehen.

Ferners der eigentliche Kriegstanz, welcher nichts anders als eine Vorstellung der Operationen eines geschickten indischen Kriegers ist, und immer nur von einem einzigen erfahrenen Krieger verrichtet wird. Der Tänzer hüpft zuerst ganz leise herbei, und bleibt in der Mitte des Tanzplatzes stehen; dann macht er verschiedene Sprünge und Bewegungen, durch welche er den Marsch der indischen Krieger gegen das feindliche Gebieth vorstellt. Dann schleicht er langsam hin und her, bleibt zuweilen stehen, rennt dann auf allen Kräften nach einem Orte, macht die Geberden eines Kriegers, der seinen Feind tödtet, ergreift einen von den Umstehenden, als wollte er ihn zum Gefangenen machen, u. dgl. Nach diesen Vorstellungen bleibt er in der Mitte des Platzes stehen, und erzählt seine ausgeübten Kriegsthaten.

Eine andere Art von Kriegstänzen geschieht um mehrere Pfosten herum, die in einem Zirkel aufgestellt sind, und von denen jeder die Vorstellung eines menschlichen Gesichtes am obern Ende hat. Die Tänzer sind fast ganz nackt, jeder hält einen mit Steinchen angefüllten Kürbiß in der einen Hand, und einen Zweig in der andern, und sie springen mit den wildesten Gebärden und mit fürchterlichem Lärm um die Pfosten herum, bis sie ganz erschöpft sind.

Sobald eine Horde von indischen Kriegern von einer glücklichen Expedition nach Hause kommt, halten sie Danksagungstänze, wobei auch die Weiber mitsingen, um ihre Freude und Dankbarkeit wegen der glücklichen Rückkehr ihrer Männer zu bezeigen.

Nach geendigtem Kriegstanze begeben sich die indischen Krieger sogleich auf den Marsch, welcher allezeit mit einem Kriegsgesange eröffnet wird. Diese Gesänge enthalten ein Lebewohl der Krieger an ihre Weiber, Kinder und andere Verwandten, die sie zu Hause lassen, und die sie zugleich bedauern, daß sie nicht das Glück und die Ehre haben, mit ihnen gegen den Feind zu ziehen.

Auf dem Marsche beobachten sie eine Menge Ceremonien, die besonders für die jungen Krieger sehr beschwerlich sind. Die ersten drei Mahle, da ein junger Krieger mit einer Horde gegen den Feind zieht, muß er sein Gesicht schwarz anstreichen, muß immer hinter einem alten Krieger gehen, und genau in seine Fußstapfen treten. Es ist ihm auf seinem ganzen Marsche nicht erlaubt, sich seinen Kopf zu kratzen, (was den Indiern, die nicht sehr reinlich sind, keine geringe Mortification seyn muß).

Die indischen Krieger fasten um sich abzuhärten, auf ihren Märschen so sehr, daß sie mehr vom Fasten als von den Beschwerden des Marsches ermattet sind, wenn sie in das feindliche Gebieth kommen. Während des ganzen Marsches setzen sie sich nie in einen Schatten wenn sie ruhen, mag die Hitze noch so drückend seyn.

Die Indier sind auf dem Marsche außerordentlich vorsichtig, wenn sie dem feindlichen Gebiethe schon nahe gekommen sind. Um dem Feinde, im Falle eines Rückzuges, die Verfolgung zu erschweren, machen sie allerlei Wendungen und Krümmungen auf ihrem Marsche, und suchen so ihre Spur zu verwirren. Oft binden sie sich die Klauen eines Büffelochsen oder Bärentatzen an die Füße, um ihre Spur jener eines Büffels oder Bären ähnlich zu machen.

Wenn die Indier in das feindliche Gebieth gelangen, und eine Horde ihrer Feinde entdecken, gibt der Anführer ein Zeichen, und die Schlacht beginnt. Diese besteht darin, daß sich die Indier augenblicklich zerstreuen, und hinter Bäume stellen, und dann von Baum zu Baum ihre Feinde, die das Nämliche thun, verfolgen, wobei sie zugleich auf die gräßlichste Weise schreien und heulen. Wer nun flinker ist, trägt den Sieg über seinen Gegner davon. Sobald Jemand fällt, sey er todt oder nur verwundet, springt sein Gegner auf ihn, und zieht ihm die Haut von der Hirnschale ab, denn diese Häute sind die ehrenvollsten Siegeszeichen und die kostbarste Beute, die ein indischer Krieger erobern kann. So jagen sie sich herum, unter beständigem Schale ihres furchtbaren Kriegsgeschreies, bis eine Parthei entweder ganz aufgerieben, oder in die Flucht gejagt wird. Die Flucht rettet sie jedoch selten, denn die Sieger verfolgen die Fliehenden; und nur die schnellsten und ausdauerndsten Läufer entgehen mit dem Leben.

Der Gebrauch der indischen Krieger, die Haut von der Hirnschale ihrer besiegten Feinde abzuziehen, ist so allgemein unter den Indiern von Nord=Amerika, daß gar kein Stamm eine Aufnahme davon macht. Dieß sind ihre Triumphzeichen, und jener, der die größte Anzahl solcher Häute aufweisen kann, ist der tapferste Krieger. Deßwegen sind sie in einem Gefechte auf nichts so sehr bedacht, als auf die Eroberung dieser Triumphzeichen, und setzen sich mehreren Gefahren aus, indem sie dieses thun, als indem sie ihre Feinde tödten. Sie haben eigene scharfe Messer zu diesem Zwecke. Sobald ein Indier fällt, springt sein Besieger auf ihn, tritt ihm mit einem Fuße auf den Nacken, ergreift mit einer Hand den Schopf auf dem Scheitel seines Feindes, zieht die Haut so viel als möglich an, nimmt mit der andern Hand sein Messer, schneidet einen Zirkel um die Hirnschale, und reißt die Haut los. Zuweilen ist der gefallene Feind nur verwundet, und hat noch seine ganze Besinnung, wenn sein Gegner kommt, und diese barbarische Operation an ihm verrichtet. Wenn er nach diesem noch Zeit hat, zerschmettert er seinem verwundeten Feinde den Kopf mit seinem Streitkolben. Ist er aber zu sehr in Gefahr, so läßt er seinen Feind liegen, und entflieht hinter einen Baum. Zuweilen geschieht es, daß sich ein auf diese Art geschundener Indier erhohlt, und noch lange lebt. Es gibt einige

Indier in dieser Gegend, denen die Haut von der Hirnschale vor vielen Jahren abgezogen wurde.

Wenn die Krieger nach Hause kommen, trocknen sie diese Häute, bemahlen sie verschiedentlich, und bewahren sie als ihren kostbarsten Schatz. Zuweilen hängen sie sie auf lange Stangen, und tragen sie im Triumphe herum.

Es gibt junge ehrgeitzige Krieger unter den Indiern, die oft ganz allein, oder zwei mit einander nach dem feindlichen Gebiethe ziehen, um einzelne feindliche Indier zu tödten, und ihnen die Haut von der Hirnschale abzuziehen.

So gingen vor mehreren Jahren zwei junge Indier in das Gebieth ihrer Feinde. Als sie in die Nähe eines ihrer Dörfer gekommen waren, wußten sie sich so gut zu verbergen, daß sie beinahe vier Monate hindurch ihre Feinde belästigten, und über 20 derselben zu verschiedenen Zeiten getödtet, und ihnen die Haut von der Hirnschale abgezogen hatten, ohne entdeckt und gefangen zu werden, obwohl ihre erbitterten Feinde sie oft verfolgten. Einmahl wurden sie von einer großen Anzahl ihrer Feinde verfolgt. Die zwei verwegenen Krieger flüchteten sich in das nächste Gebirge, umliefen das Gebirge, kamen ihren Verfolgern in den Rücken, tödteten eine bedeutende Anzahl der Hintersten, und entkamen glücklich. Sie fuhren noch lange fort, ihre Feinde zu belästigen, bis sie eine große Anzahl der kostbarsten Siegeszeichen, die sie suchten, errungen hatten.

Nun beschloßen sie, nach ihrer Heimath zurückzukehren; allein sie wollten, um ihre Kriegsthaten zu krönen, auch einen Gefangenen mitbringen, um ihren Stammesgenossen das Vergnügen der Peinigung eines Feindes zu verschaffen. Dieser Versuch jedoch mißlang ihnen, und kostete ihnen das Leben; denn als sie sich einem Dorfe ihrer Feinde näherten, wurden sie trotz aller ihrer Vorsicht entdeckt. Die Indier des Dorfes schlichen sich auf verschiedenen Seiten hinter ihre zwei verwegenen Feinde, dehnten sich dann in einem halben Zirkel auf, und rückten so gegen das Dorf, indem sie den entdeckten Schlupfwinkel der zwei Krieger zwischen sich und dem Dorfe hatten. Aus dem Dorfe rückten andere Indier immer näher heran, sie schloßen sich immer näher aneinander, und hatten nun die zwei verwegenen jungen Indier mitten in ihrem Zirkel, der bereits sehr dicht geworden war. Sie lagen unter den Aesten eines umgefallenen Baumes verborgen. Als sie sich eingeschlossen sahen, sprangen sie hervor, erhoben das Kriegsgeschrei, und stürzten auf ihre Feinde los; allein sie wurden von der großen Menge augenblicklich überwältiger, gebunden, und zur Peinigung fortgeführt.

Die Peinen, welche die Indier ihren ausgezeichneten Gefangenen anthaten, und noch in den neuesten Zeiten zuweilen anthun, sind grausam und höchst barbarisch. Sie hatten in jedem Orte einen eigenen Platz für die Peinigung ihrer Gefangenen. Hier auf dieser Insel war auf einer kleinen Anhöhe, ein Paar hundert Schritte von dem Orte, wo jetzt die Missionskirche steht, der Peinigungsplatz der alten Indier. Diese Peinigungsplätze sind nun selten geworden.

Auf diesen Plätzen befindet sich ein starker Pfahl. Der unglückliche Gefangene wird herbeigeführt, gänzlich entblößt, seine Hände werden ihm mit starken Stricken am Rücken gebunden, und um den Hals wird ihm eine starke wilde Rebe gewunden, deren Ende am Gipfel des Pfahles befestiget wird; er wird jedoch nicht knapp an den Pfahl gebunden, sondern die Rebe ist 8 bis 10 Schuh lang, und der Gefangene hat viel Raum um den Pfahl. Seine Feinde, Männer und Weiber, haben Fackeln und Bündel auf dürren Reisern in Bereitschaft, sie zünden sie nun an, und stecken sie von allen Seiten an den nackten Leib des unglücklichen Opfers ihrer Grausamkeit.

Nun zeigt sich die heroische Standhaftigkeit des indischen Kriegers; er verzweifelt nicht, er klagt nicht, sondern singt mit lauter Stimme einen Kriegsgesang, rennt wie ein wüthendes Thier in seinem Kreise herum, und zuweilen gelingt es ihm, noch seine letzte Rache an seinen Feinden zu üben, indem er Jemanden niederrennt und beißt. So verfolgen und brennen sie ihn, bis er todt zu Boden fällt. Dieß ist die gewöhnliche Art, ausgezeichnete gefangene Feinde zu peinigen.

Zuweilen wird er jedoch knapp an den Pfahl gebunden, es wird ein kleines Feuer um ihn herum angezündet, und der unglückliche Gefangene wird beim langsamen Feuer gebraten, bis er in unsäglichen Qualen stirbt.

Die heldenmüthige Standhaftigkeit der Indier in dergleichen Peinen war immer ein Gegenstand der Bewunderung unter den civilisirten Völkern. Vor vielen Jahren wurde ein indischer Held im Staate Illinois von seinen Feinden gefangen genommen und gepeiniget. Mitten in seinen Qualen beschimpfte er seine Feinde und spottete ihrer. In dem Haufen der Umstehenden befand sich auch ein Canadier, welchen der Gefangene kannte. Als er ihn erblickte, rief er ihm zu: „Camerad! ich bin froh, dich hier zu sehen. Hilf doch den Illinois-Indiern, mich zu peinigen." – Und warum sollte ich ihnen helfen? fragte der Canadier. „Damit ich den Trost haben möge, sagte der Gefangene, durch die Hand eines Mannes zu sterben. Mein größter Schmerz ist dieß, daß ich nie einen Mann getödtet habe." – „Du hast gar viele getödtet, schrie ihm einer der Umstehenden zu; hast du nicht diesen und jenen Illinois-Indier getödtet?" – Ha! ha! die Illionois-Indier, rief der halbverbrannte Gefangene auf, die Illinois-Indier! O ja, ich habe viele Illinois-Indier getödtet, allein ich habe nie einen Mann getödtet. – So spottete er seiner Feinde mitten in seinen Peinen, bis ihm der Tod das Wort benahm.

Ein anderer indischer Krieger bezeigte einen noch größeren Heldenmuth in seiner Peinigung. Seine Feinde machten eine Schaubühne, auf welche sie ihn stellten, damit alle Umstehenden ihn sehen konnten. Sie entblößten ihn, und brannten ihn mit Fackeln am ganzen Leibe, jedoch so, daß sein Leben nicht in Gefahr kam. Diese grausame Peinigung ertrug er mit so vieler Standhaftigkeit, daß er gar nicht zuckte, als wenn er eine steinerne Statue gewesen wäre. Seine Feinde, die durch seine heldenmüthige Standhaftigkeit aufgebracht wurden, übten nun allerlei Grausamkeiten an seinem Leibe, allein er blieb unbeweglich, wie zuvor. Nun trat einer mit einem scharfen Messer herbei, schnitt ihm seine Kopfhaut rund herum auf, und riß sie ihm vom Kopfe. Der Krieger fiel nun besinnungslos zu Boden. Da sie ihn für todt hielten, entfernten sie sich ein wenig und ließen ihn liegen. Er erholte sich jedoch bald, und als er Niemanden nahe um sich sah, stand er auf, ergriff einen Feuerbrand, und forderte seine erstaunten Feinde auf, herbei zu kommen. Erschreckt durch den schaudervollen Anblick des Helden, wagte es niemand, ihm nahe zu kommen. Endlich rotteten sie sich in einen großen Haufen zusammen, und fielen ihn mit Feuerbränden und glühendem Eisen an. Er vertheidigte sich lange gegen die ganze Bande, und hielt sie in einiger Entfernung, und hätte sich noch länger vertheidiget, wenn er nicht durch einen Fehltritt, als er einem auf ihn geschleuderten Feuerbrande ausweichen wollte, zu Boden gefallen wäre, wo ihn die Umstehenden überfielen und tödteten.

Wenn die Indier nach einem erhaltenen Siege mit ihren Gefangenen nach ihrer Heimath zurück ziehen, geschieht es oft, daß sie von einer großen Anzahl ihrer Feinde verfolgt werden. Sie gebrauchen daher auf ihrem Heimzuge allerlei Kunstgriffe, um ihre Spur zu verwirren oder unkenntlich zu machen. Allein wenn ihnen ihre Feinde dessen ungeachtet nachkommen, und diese schon nahe sind, tödten jene alle ihre Gefangenen, und ziehen ihnen die Haut von der Hirnschale ab; dann zerstreuen sie sich, und jeder sucht sich zu retten, wie er kann.

Was bis jetzt gesagt wurde, gilt von den Kriegern oder vielmehr räuberischen Anfällen der Indier unter einander. Allein wenn die Indier mit Weißen Krieg führen, welches geschieht, wenn sie von civilisirten kriegführenden Nationen aufgefordert werden, ihnen zu helfen, ist ihr Benehmen etwas verschieden. Wenn sie eine gute Gelegenheit finden, Weiße anzugreifen, so geschieht dieß allezeit etwas vor Tagesanbruch, weil die Weißen damahls, wie die Indier meinen, am festesten schlafen. Wenn sie von den Weißen verfolgt werden, ziehen sie sich in Sümpfe und Moräste zurück, weil sie es aus Erfahrung wissen, daß die regulären Truppen auf einem Schlachtfelde dieser Art nicht viel ausrichten können.

Der höchste Grad der indischen Kriegskunst besteht im listigen unvermutheten Ueberfallen des Feindes. Darin sind sie Meister, und auf diese Art haben sie oft bedeutende Niederlagen unter den Weißen angerichtet. Zum Beispiele möge Folgendes dienen. In einem Kriege zwischen den Franzosen und Engländern in Nord-Amerika wurde der englische General Braddok auf einem Marsche durch einen Wald plötzlich von Indiern, die für die Franzosen stritten, überfallen. Die Indier waren so verborgen, daß die Engländer kaum wußten, von welcher Seite der mörderische Angriff komme, und wer ihr Feind sey. Die englische Armee bestand aus 2000 wohl geübten und tapfern Soldaten; allein ehe sie die feindliche Macht sehen konnten, die sie vernichtete, und ehe sie den furchtbaren Angriff erwiedern konnten, waren sie so sehr zu Grunde gerichtet, daß sich die Wenigen, die noch übrig blieben, nur durch eine schnelle Flucht retten konnten. Von den Indiern wurden nur drei Mann verwundet.

Wenn die Indier im Gefechte mit Weißen, Gefangene machen, peinigen sie sie auch zuweilen auf allerlei Art, besonders wenn sie ausgezeichnete Krieger sind. Die gewöhnlichste Art dieser Peinigung ist das Verbrennen beim langsamen Feuer, wobei sich besonders die Weiber, um ihren Männern zu gefallen, geschäftig zeigen.

Eine andere Art von Mißhandlung der Gefangenen ist auch das Gassenlaufen, welches sehr oft auch den Tod zur Folge hat. Wenn sie den Gefangenen in ihren Ort gebracht haben, stecken sie einen Pfahl in einiger Entfernung in die Erde, stellen sich in zwei parallelen Reihen auf, Männer, Weiber und Kinder, bewaffnet mit Stöcken und Prügeln, und nun muß der arme Gefangene mitten durch die zwei Reihen nach dem Pfahle laufen, und die Indier schlagen ihn erbarmungslos mit ihren Prügeln. Wenn in diesem Falle der Gefangene einen unerschrockenen Muth zeigt, und ohne sich zu besinnen, schnell nach dem Pfahle rennt, kommt er oft so glücklich durch, daß er keinen einzigen harten Streich erhält, denn die Indier schonen ihn wegen seines Muthes. Allein wehe dem Feigen, der sich besinnt und Furcht äußert, ehe er zu laufen anfängt, er wird fürchterlich geschlagen, und zuweilen auch todt geschlagen.

Im Jahre 1782 war Heckewelder Augenzeuge einer Scene dieser Art, und berichtet sie auf folgende Weise. Eines Tages brachten 14 indische Krieger drei englische Gefangene mit sich nach Hause. Als sie angekommen waren, fingen die Indier desselben Ortes gleich an, sich in zwei Reihen gegen einen Pfahl aufzustellen, und man sagte den drei Gefangenen, daß sie, einer nach dem andern, nach dem Pfahle werden laufen müssen. Der jüngste aus ihnen, ein entschlossener, muthiger junger Mann, lief sogleich nach dem Pfahle, ehe die Indier noch recht bereit waren, ihn zu empfangen, und er erreichte den Pfahl, ohne einen einzigen Streich erhalten zu haben, denn die Unerschrockenheit und Entschlossenheit des jungen Mannes gefiel den Barbaren.

Der zweite besann sich ein wenig, jedoch lief er entschlossen, und erreichte den Pfahl nach vielen, jedoch leichten Schlägen.

Allein der dritte war ein feiger Mensch; er blickte ängstlich nach den aufgehobenen Prügeln der Indier, und konnte sich nicht entschließen, den gefährlichen Lauf zu beginnen; er fing sogar an zu bitten, man möchte seiner schonen. Der arme Mensch bedachte es nicht, daß er dadurch seine Feinde nur noch mehr erbitterte, und daß er am Ende doch werde laufen müssen. Man rief ihm nun laut zu, nach dem Pfahle zu laufen, wenn er sein Leben retten wolle. Nun lief der arme Mann, wurde aber so grausam geschlagen, daß er nur mit vieler Mühe das Ende seiner traurigen Laufbahn erreichen konnte. Wäre er niedergefallen, ehe er den Pfahl erreichte, so wäre er auf der Stelle erschlagen worden.

Wenn die Indier einen Weißen in ihre Gefangenschaft bekommen, der ein ausgezeichneter Krieger ist, und ihnen seine Tapferkeit und Ueberlegenheit oft hat fühlen lassen, so behandeln sie ihn mit barbarischer Grausamkeit. Die Leiden eines tapferen Engländers, Simon Butler, mögen zum Beispiele dienen. Dieser Mann, welcher den Indiern wegen seines Heldenmuthes sehr wohl bekannt war, wurde einst auf einer Reise, die er ganz allein durch eine Wildniß unternahm, von den Indiern gefangen genommen. Sie waren froh, einen solchen Mann gefangen zu haben, und bestimmten ihn zu den aufgesuchtesten Peinen. Sie bemahlten sein Gesicht schwarz, und kündigten ihm an, daß er bestimmt sey, lebendig verbrannt zu werden. Allein sie begnügten sich nicht damit, sondern peinigten ihn auf verschiedene Weise auf der ganze Reise nach ihrer Heimath. So banden sie ihn einmahl auf ein wildes ungezähmtes Roß, welches noch nie einen Reiter getragen hatte, ließen es auf, und erhoben ein furchtbares Geschrei. Das Thier, erschreckt durch das Geschrei, und durch die ungewohnte Bürde in seinem Schrecken unterhalten, rannte mit Windesschnelle durch die dichtesten Theile des Waldes. Man kann sich die Leiden des unglücklichen Gefangenen in dieser Lage denken. Das Pferd rannte so lange hin und her, bis es ganz entkräftet war, und wieder auf die Stelle zurückkam, wo die Indier gelagert waren. Sie ließen den Gefangenen immer in der nämlichen Lage auf dem Pferde, bis sie nach Hause kamen. Nun nahmen sie ihn herab, und banden ihn an einen Pfahl, wo sie ihn 24 Stunden immer in der nämlichen Lage ließen. Nach 24 Stunden banden sie ihn von dem Pfahle los, stellten sich in zwei Reihen auf, gegen 600 Männer, Weiber und Kinder, und befahlen ihm, obwohl er ganz erschöpft war, zwischen den zwei Reihen zu laufen. Er lief einige Schritte, und erhielt fürchterliche Schläge; daher brach er die Reihe durch und lief davon. Allein ein starker Indier hohlte ihn ein, und schlug ihn mit seinem Streitkolben nieder. Sie schlugen ihn auf dem Boden erbärmlich, und hätten ihn wohl auch todt geschlagen, wenn sie ihn nicht zu noch größern Leiden bestimmt hätten; in dieser Absicht ließen sie ihm noch das Leben.

Nun wurde der bedauernswürdige Gefangene von Dorf zu Dorf herumgeschleppt, um überall soviel Schimpf, Schmach und Mißhandlungen zu empfangen, als seine barbarischen Feinde ersinnen konnten. Auf dieser peinvollen Reise mußte er dreizehn Mahl Gassen laufen. Er versuchte öfters zu entfliehen, allein vergebens. Einmahl war er schon auf dem Puncte seinen Verfolgern zu entgehen; allein zufälliger Weise kamen ihm einige Indier entgegen, die von einer Reise nach ihrem Dorfe zurückkehrten, und fingen ihn.

Die Indier beschloßen endlich, ihn zu verbrennen, wie sie es ihm schon längst angekündiget hatten. Als sie ihn auf den dazu bestimmten Ort führten, kamen sie an die Hütte eines Engländers, der seit vielen Jahren unter ihnen lebte, und alle ihre barbarischen Sitten angenommen hatte. Er war ein Jugendfreund des Gefangenen; erkannte ihn aber nicht mehr; dieser aber erkannte sogleich seinen Jugendfreund. Als ihn nun die Indier an der Hütte dieses Engländers vorüberführten, wollte dieser auch seinen Theil an der Peinigung des Gefangenen haben, sprang auf ihn los, warf ihn zu Boden, und fing an, ihn erbarmungslos zu schlagen. Der Gefangene gab sich ihm nun zu erkennen, und erweichte sein verwildertes Herz. Er hob ihn vom Boden auf und versprach ihm, ihn zu retten wenn es nur möglich ist. Er wandte sich an die Indier, und beredete sie, den Gefangenen ihm zu überlassen. Er nahm ihn nun in seine

Hütte, nährte und kleidete ihn, und der unglückliche Gefangene fing an, sich schnell zu erhohlen.

Allein seine wilden Feinde bereueten bald den Verlust ihrer barbarischen Ergötzlichkeiten, und forderten nach fünf Tagen ihren Gefangenen wieder zurück, um ihn zu verbrennen. Sie nahmen ihn, und führten ihn in ein entferntes Dorf. Nachdem schon alle Vorbereitungen zur Verbrennung des unglücklichen Mannes gemacht waren, erfuhr der Agent von Detroit, der eben in Geschäften im Dorfe war, das unmenschliche Vorhaben der Wilden. Er gebrauchte allen seinen Einfluß, um die Indier zu vermögen, ihren Gefangenen nochmahls loszugeben. Endlich erhielt er ihn, und führte ihn mit sich nach Detroit, wo er sich bald erhohlte, und dann nach einer gefährlichen Reise von 30 Tagen durch Wälder, glücklich seine Wohnung erreichte.

Die Weiber und Kinder der Weißen, die die Indier in die Gefangenschaft bekommen, werden gelinder behandelt, und die Kinder werden gewöhnlich von Indiern, die ihre Söhne im Streite verloren haben, an Kindesstatt angenommen.

Ein bewunderungswürdiges Beispiel von dem Heldenmuthe einer Engländerinn, die mit ihrem zwölfjährigen Sohne von den Indiern in die Gefangenschaft abgeführt wurde, ist in der Geschichte von Nord-Amerika aufbewahrt. Eines Tages kamen zehn Wilde auf ihren Streifzügen in den Ort, wo dieses Weib lebte. Nach mehreren verübten Mordthaten zogen sie weiter und nahmen die Engländerinn und ihren Sohn mit sich als Gefangene. Die Heimath dieser Indier war gegen 300 Meilen entfernt. Das Weib erschauderte vor der beschwerlichen Reise, und noch mehr vor dem traurigen Lose, die Sclavinn dieser Barbaren zu seyn. Sie suchte zu entfliehen, allein es gelang ihr nicht. Die zweite Nacht ihres Marsches faßte sie einen Entschluß, dessen Aufführung dem unerschrockenen Helden Ehre gemacht hätte. Sie fühlte nämlich, daß die Stricke, mit welchen ihr die Wilden die Hände auf den Rücken gebunden hatten, etwas loser wurden, und sie hoffte, ihre Hände aus den Banden ziehen zu können. Nachdem alle Indier fest eingeschlafen waren, zog sie nach langer Bemühung endlich ihre Hände aus den Banden. Nun weckte sie ihren Sohn auf, und sagte ihm, sich still zu halten und genau zu thun, was sie ihm zeigen werde. Sie entfernte in aller Stille die Waffen, die die Indier neben sich liegen hatten, nahm eine Mordart, und gab eine andere ihrem Sohne in die Hand, und ermunterte ihn, ihrem Beispiele zu folgen. Nun versetzte diese Heldinn einem Indier nach dem andern den Todesstreich, und hatte schon beinahe alle getödtet, als der erschrockene Knabe auch seinen Versuch an einem Indier machen wollte; allein da es ihm an Kräften sowohl, als am Muthe fehlte, versetzte er ihm einen so schwachen Streich, daß er ihn gerade nur auf dem Schlafe erweckte. Allein das Weib sprang augenblicklich herbei, und spaltete dem Wilden den Kopf, als er sich eben aufrichten wollte. Sie tödtete schnell noch die übrigen, mit Aufnahme eines Weibes, welches die zehn Indier begleitete. Das Weib erwachte, und als sie sah, was da vorgeht, entfloh sie eilends.

Die Heldinn zog nun ihren getödteten Feinden nach Art der indischen Krieger die Haut von der Hirnschale ab, und eilte triumphirend nach Hause. Sie erzählte, was vorgefallen war, allein niemand wollte ihrer Erzählung glauben, bis sie die Siegeszeichen vorwies, die sie mit sich gebracht hatte.

Dieses außerordentliche Factum ist in der Geschichte der nord=amerikanischen Indier auf= bewahrt, und wird hier als ein Beweis der Greuelscenen angeführt, welche in indischen Län= dern oft vorfallen, ohne daß man übrigens die Handlung billigte.

## Zwölftes Hauptstück.

### Regierungsform der nord=amerikanischen Indier.

Rücksichtlich der Regierungsform unterscheiden sich die neuern Indier auffallend von den al= ten. Die gegenwärtigen nord=amerikanischen Indier sind ein unbedeutendes, in die unwirth= lichen Gegenden ihres eigenen Landes zurückgedrängtes Volk, welches nun an den Ufern der Landseen, und in den unermeßlichen Urwäldern dieses Continents zerstreut lebt. Sie haben nirgends Städte oder auch nur große Dörfer, wie sie sie einst hatten, wo mehrere Tausende fortwährend beisammen lebten. Sie sind nicht mehr Herrn im Lande, sondern lästige Nachbarn, die die Regierung der vereinigten Staaten immer weiter und weiter drängt, bis sie gänzlich auf dem Bereiche der civilisirten Staaten und Gebiethen werden verdrängt wer= den.

Zur Zeit der Ankunft der ersten englischen Colonisten in Nord=Amerika waren die Indier viel zahlreicher, und hielten sich mehr beisammen. Sie hatten auch Oberhäupter, die mit vie= ler Authorität über sie herrschten, und sie beisammen hielten. Ihre Regierungsform war da= mahls monarchisch, d. h. jeder Stamm (und die Stämme waren viel volkreicher, als jetzt) hat= te einen König oder ersten Oberhäuptling nebst mehreren untergeordneten Oberhäuptlingen für die verschiedenen Dörfer. Viele Könige regierten gewöhnlich lebenslänglich; allein nicht allezeit folgten ihnen ihre Söhne in der Regierung nach, sondern oft wählten die Indier, besonders in kriegerischen Zeiten, nach dem Tode eines Oberhäuptlings, einen erfahrenen und tapferen Krieger zu ihrem Könige, ohne auf die Nachkommen des abgeschiedenen Königs Rücksicht zu nehmen.

Es gab ausgezeichnete Oberhäuptlinge, die sich durch außerordentliche natürliche Fähigkei= ten zu einem gewißen Grade von Oberherrschaft über viele Stämme emporschwangen, und sich die Könige der einzelnen Stämme zinsbar machten. So z. B. herrschte Powhatan über 30 verschiedene Stämme, deren Oberhäuptlinge ihm zinsbar waren.[12] Eben so auch Opechankanow, sein Nachfolger.[13]

So wie es die natürlichen Geistesfähigkeiten waren, die einen Indier zur Würde eines Oberhäuptlings erhoben, so waren es auch diese nämlichen Fähigkeiten, die ihn in seiner Würde erhielten, und ihm desto mehr Authorität und Macht verschafften, in je höherm Grade er sie besaß und zu gebrauchen wußte. Beredsamkeit in Rathsversammlungen, Weisheit in Entscheidung schwieriger Fälle, Unerschrockenheit, Muth, Tapferkeit, körperliche Stärke, waren die Eigenschaften, die in den Augen der Indier die höchste Stelle verdienten.

Sie hatten keine bestehenden Gesetze, ausgenommen einige herkömmlichen Gewohnheiten, aber die Entscheidungen und Befehle ihres Königs, auf dessen überlegene Weisheit sie vertrauten, waren ihre Gesetze im Frieden; so wie sein anerkannter Heldenmuth und seine Erfahrung im Kriegswesen die einzige Richtschnur aller ihrer Kriegsunternehmungen war.

Die neuern Indier haben zwar auch Oberhäuptlinge, allein gewöhnlich sind die Oberhäuptlinge einzelner Ortschaften von allen übrigen unabhängig, und haben auch in ihrem eigenen Orte sehr wenig Einfluß. Es ist gegenwärtig in ganz Nord-Amerika kein einziger indischer Oberhäuptling, der selbst nur über seinen ganzen Stamm einen entscheidenden Einfluß hätte; noch weniger aber gibt es jetzt einen indischen König, der über mehrere Stämme die Oberherrschaft ausübete, wie es ihrer vormahls gab.

Der wesentlichste Bestandtheil der indischen Regierung waren und sind noch gegenwärtig die Rathsversammlungen, die die Indier sehr häufig halten. Bei der Eröffnung einer Rathsversammlung wurden mehrere Ceremonien beobachtet, die größtentheils noch gegenwärtig im Gebrauche sind. Die Zusammenberufung eines Rathes ist die Sache der Oberhäuptlinge. Sie schicken ihre jungen Leute in die verschiedenen Ortschaften aus, und laden die Männer jedes Ortes auf einen bestimmten Tag zum Rathe ein.

Die Indier, welche ausgeschickt werden, um ihre Stammesgenossen zu einem Rathe einzuladen, tragen gewöhnlich eine Menge Taback mit sich, um ihn unter die Eingeladenen auszutheilen. Nebst dem überbringen sie dem Oberhaupte der einzelnen Ortschaften Kränze auf kleinen Muscheln an einem seidenen Bande, dessen Farbe verschieden ist (roth, grün, weiß oder schwarz,) je nachdem der Gegenstand, über welchen sie sich berathen wollen, eine Kriegs- oder Friedensangelegenheit, ein erfreulicher oder trauriger Gegenstand ist.

Werden benachbarte Stämme zu einem Rathe eingeladen, so überbringen die Gesandten den Oberhäuptlingen des fremden Stammes, nebst dem Muschelkranze, die sogenannte Friedenspfeife,[14] nebst Taback. Der Oberhäuptling beruft nun seinen Rath, und berathschlagt sich,

---

[12] Siehe Seite 4.
[13] Siehe Seite 6.
[14] Die Friedenspfeife ist eine große, auf rothem oder schwarzem Steine zierlich geschnittene, gewöhnlich mit Zinn eingelegte Tabackspfeife, mit einem langen und breiten vielfältig verzierten Rohre. Die Indier bedienen sich ihrer nicht nur bei Rathsversammlungen, als Zeichen ihrer Einigkeit und Freundschaft, sondern sie erkennen auch,

was zu thun sey. Entscheidet der Rath, daß sie die Einladung annehmen, und zur Rathsver=
sammlung ihrer Nachbarn erscheinen wollen, so wird die Friedenspfeife gestopft und angezün=
det, und alle vorzüglichsten Männer und Krieger rauchen, einer nach dem andern, ein Paar
Züge auf der Friedenspfeife. Entscheidet sich dagegen der Rath feindselig gegen den benachbar=
ten Stamm, so wird die Friedenspfeife nicht angerührt, sondern sammt dem Muschelkranze
zurückgeschickt, und der benachbarte Stamm weiß nun, daß dieser Stamm feindselig ist.

Wenn die Hütte des Oberhäuptlings genug geräumig ist, versammeln sich alle, die zum
Rathe kommen in seiner Hütte. Gewöhnlich jedoch versammeln sie sich unter freiem Himmel,
wenn es das Wetter zuläßt, oder in einer großen, eigens dazu bestimmten Hütte. Sie ver=
sammeln sich allezeit um ein großes Feuer, zuweilen zünden sie auch mehrere Feuer an, und
setzen oder legen sich um das Feuer herum. Hie und da liegen große Stücke Taback, von denen
sich jeder seine Pfeife anstopft und raucht; und niemand spricht ein Wort.

Die Ernsthaftigkeit und Bedachtsamkeit der Indier in Rathsversammlungen ist bewunde=
rungswürdig. Sie schweigen noch lange, nachdem schon alle versammelt sind. Endlich bricht
der Oberhäuptling oder ein Sprecher des Stammes, das ernste Stillschweigen, und setzt die
Ursachen der Zusammenberufung des Rathes auseinander. Diese betreffen entweder das Inte=
resse des ganzen Stammes, oder wenigstens eines großen Theiles desselben; z. B. große Beleidi=
gungen von Seite eines benachbarten Stammes, wiederhohlte Mordthaten, oder Eingriffe in
die Jagdrechte oder andere herkömmliche, und durch Gewohnheit sanctionirte Rechte. Dann
stellt er ihnen vor, worüber sie sich berathschlagen wollen, ob sie z. B. gleich Feindseligkeiten
gegen die Beleidiger anfangen, oder zuerst Gesandte an sie schicken und Genugthuung verlan=
gen sollen u. s. w. Am Ende seiner Rede fordert der Oberhäuptling oder der Sprecher seine
Zuhörer auf, sich unter einander zu berathen, und dann ihre Meinung zu äußern.

Nach dieser Anrede überlegen sie, was zu thun wäre, und nachdem sie lange Zeit überlegt
und sich leise unter einander berathen haben, tritt wieder ein Sprecher auf, und erklärt die
Meinung der Mitglieder des Rathes. Hierauf sprechen noch mehrere, jedoch immer nur solche,
die wegen ihres Alters und ihrer Erfahrung, oder wegen ihres Heldenmuthes und ihrer kriege=
rischen Thaten eine besondere Achtung verdienen.

Die Aufmerksamkeit, mit welcher die Indier die Reden anhören, die in ihren Rahtsver=
sammlungen vorgetragen werden, war für die Weißen immer ein Gegenstand der Bewunde=

---

wenn fremde Indier in ihren Ort kommen, mittelst der Friedenspfeife, ob sie freundlich oder feindlich gesinnt
sind. Wenn nämlich eine Bande von fremden Indiern in ein indisches Dorf kommt, nimmt der Oberhäuptling
des Dorfes eine Friedenspfeife, zündet sie an, und raucht einige Züge, und dann reicht er die Pfeife jenem, der
der Anführer der Bande zu seyn scheint. Sind die Fremdlinge freundlich gesinnt, so nimmt der Anführer die
Friedenspfeife an, raucht ein Paar Züge, und gibt sie jenem, der der zweite Angesehene Mann im Dorfe ist;
dieser reicht sie nach ein Paar Zügen wieder einem andern von der Bande, und so geht sie von Mund zu Mund,
bis alle angesehenen Männer auf beiden Seiten geraucht haben. Kommt aber die Bande der fremden Indier in
der Absicht in das Dorf, um Krieg zu erklären, oder um sich wegen geschehener Eingriffe zu beklagen und Ge=
nugthuung zu verlangen, so nimmt der Anführer die Friedenspfeife nicht an, und die Indier wissen nun, daß sie
es mit feindlich gesinnten oder wenigstens unzufriedenen Nachbarn zu thun haben. Zwei schöne nord=
amerikanische indische Friedenspfeifen auf rothem Stein geschnitten, befinden sich im Musäum zu Laibach.

rung. Während der ganzen Anrede rührt sich Niemand von der Stelle, und kein Laut ist zu hören, ausgenommen von Zeit zu Zeit ein langes tiefes oh! welches in der Sprache der Indier ein Zeichen des Beifalls ist.

Ein Beispiel von der Ernsthaftigkeit und Ruhe der Indier im Rathe, enthält folgende historische Anecdote. Vor mehreren Jahren wurde zu Detroit von dem Befehlshaber des vorigen Fortes ein Rath der Otschipwe-Indier zusammenberufen, um dem Verhöre zweier Indier dieses nämlichen Stammes, die mehrere Mordthaten begangen hatten, beizuwohnen. Eine große Menge dieser Indier, (die damahls noch viel zahlreicher in der Nähe von Detroit waren, als jetzt), erschienen zum Rathe. Die zwei Mörder wurden vorgeführt, verhört und überwiesen. Als darauf der Befehlshaber das Todesurteil über die zwei Mörder aussprach, sprang einer von ihnen plötzlich auf, zog ein großes Messer, welches er bisher verborgen gehalten hatte, heraus, und bahnte sich den Weg aus dem Rathshause. Ein großer Lärm entstand, die Wache, die vor dem Hause stand, wurde aufmerksam gemacht, und als der Mörder herauskam, und sich auch da mit seinem Messer den Durchweg öffnen wollte, wurde er erstochen, und fiel todt zu Boden. Alles dieses verursachte sowohl im Rathhause, als außer demselben einen fürchterlichen Lärm; allein von den indischen Oberhäuptlingen und Kriegern, die im Rathhause saßen, rührte sich nicht ein einziger von seinem Sitze, ja sie sahen sich nicht einmahl um, sondern blieben unbeweglich und rauchten fort, als wenn alles in der Ordnung geblieben wäre.

Die Vergehen der jungen noch unerfahrenen Indier gegen die zum heiligen Gesetze gewordenen Gebräuche bei Rathsversammlungen, werden oft sehr hart, ja nicht selten mit dem Tode bestraft. So hielt einst ein angesehener Oberhäuptling eine Rede in einem Rathe, und wurde von einem jungen Krieger seiner Leibwache durch eine Frage unterbrochen. Der Oberhäuptling blieb in seiner Rede stehen, zog ganz kaltblütig seine Mordaxt auf seinem Gürtel, und spaltete dem jungen Manne das Haupt. Darauf gab er seinen Leuten das Zeichen, den Leichnam herauszutragen, und fuhr dann so gelassen in seiner Rede fort, als wenn gar nichts vorgefallen wäre.

Da unter den Indiern die Kunst zu schreiben völlig unbekannt war, ehe die Europäer in das Land kamen, und noch lange Zeit nachher, so hatten die alten Indier eine sinnreiche Erfindung, mittelst welcher sie eine lange, in einem Rathe vorgetragene Rede ganz behalten konnten. Der Redner machte von Zeit zu Zeit Absätze, der Oberhäuptling der Parthei, an welche die Rede gerichtet war, hatte kleine Stäbe, und so oft der Redner eine kleine Pause machte, überreichte der Oberhäuptling einem seiner Räthe ein Stäbchen. Dieses bedeutete, daß dieser Mann nun die Pflicht habe, diesen Absatz der Rede besonders im Gedächtnisse zu behalten. Beim nächsten Absatze gab er einem andern seiner Räthe ein Stäbchen, und so fort, bis zum Ende der Rede. Diese Räthe waren bekanntlich aufmerksame, bedachtsame und zuverlässige Männer, die im Stande waren, die ihnen anvertrauten Puncte der Rede treu zu behal-

ten und zu wiederhohlen. So wurde die ganze Rede, wenn sie noch so lang war, eben so ge=
nau behalten, als durch Schnellschreiber.

Wenn nun die Parthei, an welche die Rede gerichtet war, zur Berathschlagung kam, hat=
ten sie mittelst dieser Männer alle Puncte der Rede vor sich, konnten sich darüber berathen
und gehörig antworten.

Die executive Gewalt ist in den meisten Stämmen ganz in den Händen des Oberhäupt=
lings, und er ist sehr oft zugleich der Richter und der Scharfrichter des Verbrechers, weil er das
Vergnügen einen Menschen zu tödten nicht einem andern überlassen will.

Dieses gilt jedoch nur von öffentlichen Verbrechern, oder aber von Verbrechern fremder
Stämme, die gefangen genommen, und von dem Oberhäuptlinge zum Tode verurtheilt, und
zugleich von ihm hingerichtet werden. Privat=Verbrechen dagegen als Mordthaten, die die
Indier unter einander begehen, bestrafen sie unter einander selbst, und der Oberhäuptling
mischt sich nicht darein. Die Verwandten des Ermordeten tödten den Mörder, wenn sie ihn
finden können, und wenn sie ihn nicht finden können, so rächen sie den Tod ihres Verwandten
an den nächsten Verwandten des Mörders, und tödten oft drei oder vier, ehe ihre höllische
Rachsucht erfättiget ist. Diese Mordthaten ziehen dann wieder andere nach sich, und diese bar=
barischen Greuelthaten dauern oft viel Jahre fort.

In den ältern Zeiten gab es einige Stämme im Osten von Nord=Amerika, von welchen
die gleichzeitigen Schriftsteller berichten, daß auch ein bedeutender Diebstahl unter ihnen mit
dem Tode bestraft wurde. So sah einst ein französischer Missionär in Canada einen Indier,
der ein Weib mit einem Stocke schlug, und die Absicht zu haben schien, sie todt zu schlagen.
Der Missionär lief herbei, um das Weib zu retten, und fragte den Indier, warum er dieses
Weib so erbarmungslos schlage? Der Indier antwortete: „Sie ist meine Schwester; sie hat
gestohlen, sie muß es mit dem Leben bezahlen." Nur durch viele Bemühungen konnte der Mis=
sionär der armen Indierinn das Leben retten.

Die nord=amerikanischen Indier sind zwar den Gesetzen der Regierung dieses Landes
nicht unterworfen, jedoch werden sie, wenn sie einen Weißen ermorden, nach dem Gesetze be=
handelt. In einem solchen Falle suchen die Weißen den Mörder in ihre Gewalt zu bekommen,
überliefern ihn dem nächsten Criminal=Gerichte, und er wird gehängt. Die Indier erkennen
selbst die Gerechtigkeit dieses Verfahrens, und widersetzen sich nie, den Mörder eines Weißen
in die Hände der Weißen kommen zu lassen. So z. B. ermordete einmahl ein Indier einen
Engländer. Er wurde eingefangen, und der Gerechtigkeit überliefert. Die Engländer luden
die benachbarten Indier ein, zum Verhöre dieses Mörders zu kommen, um sich selbst zu über=
zeugen, daß er ein Bösewicht ist, der den Tod verdient. Die Indier vertrauten auf die Ge=
rechtigkeit der Gesetze der Weißen, und wollten gar nicht erscheinen, sondern ließen den Cri=
minalrichtern folgende lakonische Note schreiben: „Cameraden! wir wissen, daß N. N., der
einen aus euch getödtet hat, ein schlechter Mensch ist, und wir haben kein Verlangen, ihn zu

sehen. Beurtheilt ihn nach euren Gesetzen, und hängt ihn auf, damit er nicht mehr zu uns komme."

Als Beschluß dieses Hauptstückes möge ein neues Beispiel einer Verhandlung der Weißen mit den Indiern dienen. Diese Verhandlung geschah im August 1826 zu Fond du Lac. Die Regierung der vereinigten Staaten lud alle Oberhäuptlinge und vorzüglichern Indier des Otschipwe-Stammes zu dieser Verhandlung ein, und gab ihnen die Zeit der Eröffnung derselben an. Es erschien eine große Menge der angesehensten Indier dieses zahlreichen Stammes, und von Seite der Regierung kam der Gouverneur von Detroit, nebst vielen Staatsbeamten, Offizieren und Soldaten, und einer großen Anzahl von Canadiern, die die Boote führten.

Die Veranlassung zu dieser Versammlung gaben die fortwährenden Feindseligkeiten zwischen den Otschipwe- und den Siu-Indiern, und die barbarischen Greuelthaten, welche in indischen Kriegen immer verübt werden. Die Regierung trachtete, die Otschipwe-Indier, theils durch gute Worte und Geschenke, theils durch Drohungen, zu friedlichern Gesinnungen zu bringen. Wie viel dieses, wahrhaft edle und menschenfreundliche Unternehmen der Regierung Gutes mag gestiftet haben, kann nicht angegeben werden; allein so viel ist bekannt, daß diese barbarischen Wilden bald darauf wieder Feindseligkeiten gegen einander auszuüben anfingen, und sie noch gegenwärtig ausüben.

Dergleichen Versammlungen der Indier, die von Weißen zusammen berufen und geleitet werden, unterscheiden sich natürlicher Weise sehr von den rein-indischen Rathsversammlungen.

Als die bestimmte Zeit schon nahe war, sah man alle Tage große Banden von Indiern ankommen; einige kamen mehr als 300 Meilen weit. Sobald eine Bande von Indiern angekommen war, begannen sie einen Tanz, wobei einer mit der Trommel den Tacht schlug. Sie thaten dieses wahrscheinlich, um die Weißen, die ihnen neugierig zuschauten, zu belustigen, und ihnen zugleich ihre Geschicklichkeit zu zeigen. Es kamen auch eine Menge Weiber und Kinder, denn die Regierung versprach, allen Indiern Geschenke zu geben, die da erscheinen würden.

Am 2. August gegen Mittag begann die Verhandlung. Die Indier setzten sich alle in Form eines Halbmondes auf die Erde nieder, und die zwei Commissäre von Seite der Regierung, nämlich der Gouverneur von Detroit und ein Oberster, saßen in einiger Entfernung an einem Tische. Die Friedenspfeife wurde, als Zeichen der Freundschaft, von beiden Partheien geraucht, und der Gouverneur machte mittelst eines Dolmetschers eine Anrede an die Indier, in welcher er ihnen die Veranlassung ihrer Zusammenkunft, so wie auch die Puncte auseinander setzte, über welche sie sich zu berathen und ihm zu antworten haben werden. Nach ihm sprach niemand mehr, sondern die Beantwortung der Puncte wurde auf den folgenden Tag verschoben, um den Indiern Zeit zu geben, sich unter einander zu berathen.

Am folgenden Tage um 11 Uhr wurden drei Kanonen abgefeuert, als Zeichen der Eröffnung des Rathes. Die Friedenspfeife machte wieder ihre Tour von Mund zu Mund, und dann standen mehrere Oberhäuptlinge einer nach dem andern auf, und machten ihre Bemerkungen über die ihnen zur Berathschlagung vorgelegten Puncte.

Um ein Uhr Nachmittags wurde eine Pause gemacht bis drei Uhr, und dann wurde die Verhandlung wieder fortgesetzt bis Sonnenuntergang. Die nächste Versammlung wurde auf den 5. August angesagt. Der 4. wurde von den Commissären dazu verwendet, alles was bisher verhandelt wurde, niederzuschreiben.

Am 5. wurde die Versammlung um 10 Uhr mit den gewöhnlichen Ceremonien eröffnet. Die Verhandlung wurde den Indiern vorgelesen und erklärt. Die Indier gaben ihren Beifall, und die angesehensten Oberhäuptlinge unterzeichneten die Urkunde, d. h. jeder berührte die Feder, indem einer der Commissäre ein Kreuzzeichen zu seinem unterzeichneten Namen machte.

Darauf versammelten sie sich nochmals, und die Commissäre vertheilten eine Menge großer silberner Medaillen mit dem Bildnisse und der Umschrift des damahligen Präsidenten der vereinigten Staaten (John Quinchy Adams) an die vorzüglichen Oberhäuptlinge des Otschipwe-Stammes, als Zeichen der Freundschaft.

Endlich wurde die letzte Versammlung angesagt, und zu dieser wurden auch alle Weiber und Kinder eingeladen, um die lange gehofften Geschenke von Seite der Regierung zu empfangen. Der Morgen des glücklichen Tages erschien. Mit Ungeduld warteten die Indier, besonders die Weiber und Kinder auf das übliche Zeichen zur Versammlung. Endlich erschallten die Kanonenschüsse, und eine große Menge von Männern, Weibern, Kindern und Hunden liefen herbei. Alles wurde reichlich beschenkt, vom Säuglinge bis zum Greise erhielt jeder verhältnißmäßig und zu seiner Zufriedenheit schöne, unter andern bisher ungesehene Sachen zum Geschenke. Diese Geschenke waren: schöne große Messer für die Männer, und kleinere für die Weiber und Kinder, Taback für alle Männer und Weiber, Halstücher und bunte Hemden, für jedes Individuum ein Stück, Tuch zu Kamaschen und Röcken für Männer, Weiber und Kinder, so wie auch wollene Decken oder Kotzen; endlich Pulver und Blei, Flintensteine und Fischangeln für die Männer, und Bänder und Ringe für die Weiber und Kinder in großer Menge.

Durch die ganze Zeit der Anwesenheit der Indier wurde ihnen täglich ein Pfund Schweinfleisch und ein Pfund Mehl für jedes Individuum in der Familie gegeben. Die Indier bewunderten die Güte und Großmuth der Regierung, und bekannten, daß sie noch nie so gut gelebt haben. Noch mehr aber verwunderten und erfreueten sie sich, als ihnen die Commissäre zum Lebewohl ankündigten, daß jeder Indier soviel Schweinfleisch und Mehl zum Geschenke erhalten werde, als er nur immer von dem einen und dem andern Artikel auf einmahl werde tragen können. Nun kamen alle Männer herbei, versehen mit ihren Tragriemen, mittelst welcher sie große Lasten auf ihrem Rücken zu tragen pflegen, und man kann sich vorstellen, daß sie in diesem Falle ihre Rücken nicht werden geschont haben.

Am 9. August schifften sich die Commiffäre in leichten Kähnen auf Birkenrinden ein, und die Indier kehrten bald darauf nach ihrer Heimath zurück.

## Dreizehntes Hauptstück.

### Krankheiten und Heilkunde der nord-amerikanischen Indier.

Es gibt viele Krankheiten unter den Weißen, die den Indiern unbekannt sind, nämlich alle jene Krankheiten, welche Folgen eines weichlichen, üppigen und schwelgerischen Lebens sind. Auch findet man wenig körperliche Gebrechen und sehr wenig Krüppel unter ihnen. Es ist jedoch ein kleiner indischer Stamm im Nordwesten dieses Continents, deffen National-Unförmlichkeit es ist, daß sie auffallend platte Köpfe haben. Die Weiber dieses Stammes haben nämlich den Gebrauch ihren Kindern, sobald sie zur Welt kommen, den Kopf so platt als möglich zu drücken, und wer den plattesten Kopf hat, der ist der schönste unter ihnen. Von den übrigen nord-amerikanischen Stämmen hat keiner irgend eine allgemeine Unförmlichkeit. Die Indier sind meistens gut gewachsene Leute, und die indischen Mädchen haben nicht den unvernünftigen Gebrauch, sich durch enge Kleidung, kleine Schuhe und peinliche Schnürmaschinen ihre Gesundheit zu beschädigen, sondern sind mit dem gesunden und starken Körperbaue zufrieden, den ihnen die Vorsehung gegeben hat, und suchen ihn unversehrt zu erhalten.

Einige Krankheiten sind erst nach der Ankunft der Weißen in dieses Land unter die Indier gekommen, und haben oft furchtbare Verheerungen unter ihnen angerichtet, weil sie sich in diesen neuen, ihnen bisher unbekannten Krankheiten, nicht zu benehmen wußten. So z. B. haben vor vielen Jahren die bösartigen Blattern eine so fürchterliche Verheerung unter den nord-amerikanischen Indiern angerichtet, daß in vielen Stämmen wohl die Hälfte der Bevölkerung dahin starb. Ein Handlungsschiff brachte diese Krankheit nach Charleston im Staate Süd-Carolina, und von dort wurde sie durch Waren, die die Tscheroki-Indier eintauschten, unter sie gebracht, und von den Tscheroki-Indiern verbreitete sie sich in viele andere Stämme. Anfangs machte sie langsame Fortschritte, und die indischen Doctoren hatten Muße, die sonderbare unbekannte Krankheit zu beobachten, und allerlei Heilmittel zu versuchen. Das erste Mittel, welches sie versuchten; als sie sahen, daß die Kranken viel von der Hitze litten, war dieses, daß sie ihre Kranken auf den Hütten trugen, und auf die bloße Erde legten, und sie auch bei der Nacht draußen ließen, damit, wie sie sagten, der kühle Nachtthau die Hitze ihrer Krankheit abkühlen möge. – Mann kann sich leicht vorstellen, daß ihnen alle ihre Patienten in kurzer Zeit starben.

Sie versuchten nun ein anderes Mittel. Wenn der Kranke in der größten Hitze war, entblößten sie seine Brust, und schütteten unter vielfältigen Zeremonien, Beschwörungen, Gesängen und Grimaßen eiskaltes Wasser auf seine Brust. Als sie sahen, daß auch dieses Mittel nichts nützte, versammelten sich alle Doctoren und Beschwörer des Tscheroki-Stammes, und hielten ein großes medicinisches Concilium. Die höchst weise Entscheidung, in welche diese großen Practiker nach vielen Debaten übereinstimmten, war der Mitglieder dieses Conciliums ganz würdig. Sie entschieden nämlich, daß man die Kranken so viel als möglich in Schweiß bringen, und wenn sie in vollem Schweiße sind, sie in ein fließendes Wasser tauchen müße! – Die armen Patienten starben alle augenblicklich in den Händen ihrer unsinnigen Doctoren.

Nun waren die indischen Quacksalber in der größten Verlegenheit, und bekannten, daß sie es nicht verstehen, diese fürchterliche Krankheit zu heilen. Sie überließen die Kranken ihrem Schicksale. Viele tödteten sich nun selbst, indem sie sich ins Feuer oder ins Wasser stürzten. Andere erstachen sich, oder schnitten sich die Kehle auf und verbluteten. Viele tödteten sich sogar, als sie schon ganz genesen waren, weil sie durch die Krankheit so entstellt wurden, daß sie sich ferner zu leben schämten. Unter der Zahl dieser Unglücklichen war ein alter berühmter Krieger. Seine Verwandten merkten bald seine Absicht, bewachten ihn strenge, und entfernten alle scharfen Instrumente von ihm. Dieß erbitterte ihn nur noch mehr, und er suchte nun, seinen Plan der Selbstvernichtung auf irgend eine andere Art auszuführen.

Er rannte nämlich mit dem Kopfe gegen einen harten Gegenstand, daß er besinnungslos zu Boden fiel. Als er sich ein wenig erhohlt hatte, legte er sich nieder, als wollte er ausruhen. Seine Verwandten ließen ihn allein, weil sie glaubten, er wolle ruhen. Sobald er aber sah, daß niemand in der Hütte war, suchte er in allen Ecken und konnte nicht anderes finden, als den Stiel einer Haue. Er nahm ihn, streckte das eine Ende davon in die Erde, nahm das andere in seinen Mund, warf sich mit aller Gewalt darauf, stieß sich den Stiel in die Kehle und erstickte.

Selbstmorde sind überhaupt nicht selten unter den Indiern; sie erschießen, hängen oder vergiften sich. Die Ursachen ihrer Selbstmorde sind gewöhnlich Gram und Kränkung.

Die Krankheiten der Indier sind größtentheils die üblen Folgen ihres elenden und unregelmäßigen Lebens; denn oft leiden sie lange Zeit Hunger, und essen in der Hungersnoth so manches, was der Gesundheit nachtheilig ist; und wenn sie dann wieder einmahl gute Jagd machen, essen sie so unmäßig, daß sie nicht mehr stehen noch gehen können. Ueberdieß sind sie außerordentlich unmäßig im Tranke, so daß sie sich oft mehrere Wochen hindurch in steter Betäubung erhalten.

Ferner ist es ihre Lebensweise, im Sommer und im Winter auf der Jagd zu seyn. Die Jagd der Indier ist außerordentlich ermüdend, sie laufen oft den ganzen Tag und dann legen sie sich nieder, wo immer die Nacht sie einhohlt. Sie schlafen gewöhnlich auch im Winter ohne Obdach, auf der gefrorenen Erde, nachdem sie den ganzen Tag geschwitzt haben, und ihre Kleidung noch ganz feucht vom Schweiße ist. Es ist wahr, daß sie Feuer machen, sobald sie sich irgendwo lagern; allein sie liegen dessen ungeachtet auf der gefrorenen Erde, und haben selten mehr, als eine einzige oft sehr schwache Decke auf sich. Manche härten sich dadurch noch mehr ab, es ist wahr; allein viele empfinden bald die üblen Folgen dieser Lebensart. Es gibt sehr viele Indier, welche Blut brechen oder sonst allerlei Schmerzen im Körper fühlen, ehe sie noch alt werden. Aufzehrung ist sehr allgemein unter den Indiern.

Es gibt wenig sehr alte Personen unter den Indiern. Jene Indier, die entfernt von Weißen leben, und seltener von ihnen besucht werden, leben gewöhnlich länger als die nähern: Man findet eher sehr alte Weiber als Männer unter den Indiern, weil jene gewöhnlich nicht so unordentlich leben, und auch nicht so vielen Beschwerden aufgesetzt sind, als diese.

Unter allen indischen Stämmen von Nord-Amerika gibt es eine Menge Aerzte, die sich alle rühmen, daß sie eine große Kenntnis der Heilkunde besitzen, und allerlei Krankheiten heilen können. Es ist zwar wahr, daß diese Leute größtentheils Betrüger sind, wie es auch unter den civilisirten Völkern dergleichen Betrüger und Quacksalber gibt, die die Leichtgläubigen und Unwissenden mit ihren Prahlereien betrügen, und auf ihre Kosten gut leben. Indessen muß man doch gestehen, denn die Erfahrung zeigt es, daß es einige unter den indischen Aerzten gibt, die viel natürliche Geschicklichkeit in der Behandlung der Kranken besitzen, und die durch lange Erfahrung die Heilkraft gewisser Wurzeln, Pflanzen und Rinden erkannt haben. Diese Erfahrungen vererben sich von dem Vater auf den Sohn, und werden immer durch neue Entdeckungen vermehrt. Mittelst dieser einfachen Heilsmittel machen einige indische Aerzte oft wirklich erstaunliche Curen. Besonders sind sie geschickt in Heilung der Wunden.

Ein gelehrter Engländer, der vor einigen Jahren eine ziemlich lange Zeit unter den Indiern verweilte, sagt, daß er für die Heilung frischer Wunden, als Hiebe, Schnitte, Schüsse u. d. gl. einen alten erfahrenen Indier dem geschicktesten Chirurgen unter den civilisirten Völkern vorziehe, theils weil die Indier einfachere und weniger peinliche Mittel anwenden, theils auch, weil sie in kürzerer Zeit Wunden heilen können, als die civilisirten Chirurgen.

Die Indier besitzen vortreffliche und unfehlbare Gegengifte, sowohl für den Biß giftiger Schlangen, als auch, wenn Jemand etwas Giftiges genießt. Um den Biß einer giftigen Schlange zu heilen, machen die Chirurgen oft peinliche Schnitte. Die Indier hingegen, die auf ihren Reisen durch die Wälder oft von sehr giftigen Schlangen gebissen werden, machen nie dergleichen Schnitte, sondern wissen diese gefährlichen Bisse in ein Paar Tagen vollkommen zu heilen. Die Indier, wenn sie auf Reisen gehen, tragen erprobte Mittel für den Biß der Schlangen bei sich. Sobald sich ein Indier von einer Schlange gebissen fühlt, nimmt er eine Portion von seinem Heilsmittel in den Mund, kaut es, verschluckt einen Theil davon, und legt das Uebrige auf die Wunde. Er fühlt sogleich fürchterliche Schmerzen, welche der Kampf zwischen dem Gifte und dem Gegengifte in seinem Körper verursachet; allein bald wird das Gift auf dem nämlichen Wege, auf welchem es in den Körper kam, auf demselben wieder herausgezogen, und in zwei Tagen fühlt er sich vollkommen hergestellt, und setzt seine Reise fort.

Ein erfahrener indischer Wundarzt ist weit und breit rühmlich bekannt, und die verwundeten Indier machen oft einen weiten Weg selbst mit Gefahr auf dem Wege zu bleiben, um sich der Sorge eines berühmten Wundarztes anzuvertrauen, und ihre Hoffnung wird selten getäuscht.

So z. B. wurde im Anfange des Revolutionskrieges der nord=amerikanischen englischen Colonien ein indischer Oberhäuptling von einem seiner Stammesgenossen sehr stark verwundet, weil er den Colonisten freundlich war. Der Oberhäuptling befand sich damahls eben auf einer weiten Reise mit einigen Colonisten. Er setzte seine Reise fort, obwohl ihm bei jedem Athemzuge das Blut auf der Wunde floß, denn sein Feind hatte ihn in die Brust geschossen. Achtzig Meilen legte er in diesem traurigen Zustande zurück, ehe sie zu einer Stadt kamen. Die Engländer wollten ihn in der Stadt behalten, um ihn von ihren Chirurgen heilen zu lassen; allein der Indier wollte auf keinen Fall bleiben, sondern sagte, daß 50 Meilen von dort ein sehr berühmter Wundarzt wohne, der ihn in kurzer Zeit heilen würde, wenn er nur so glücklich seyn könnte, zu ihm zu kommen. Er setzte also seine peinvolle Reise fort, und kam glücklich in den Wohnort des indischen Arztes, der ihn auch wirklich in kurzer Zeit vollkommen heilte. Zehn Jahre darauf kam dieser Oberhäuptling nach Detroit, wo ihn einer von jenen Engländern sah, die ihn im Zustande seiner Verwundung gesehen hatten.

Zu Sault de St. Marie, am Eingange des Sees Superior, geriethen zwei Indier in einen heftigen Streit. In diesem Streite nahm der eine seine Axt, und versetzte dem andern einen so fürchterlichen Streich in die Seite, daß er ihm die ganze Axt in den Leib versenkte, und sie nicht sogleich herausziehen konnte, sondern sie in der Wunde ließ und entfloh. Es war niemand bei dem Streite zugegen. Der verwundete Indier blieb also einige Zeit in seinem Blute liegen, wurde endlich gefunden, die Axt wurde auf seiner Wunde gezogen, und er wurde als todt in das dort befindliche militärische Fort gebracht. Bald kamen mehrere andere Indier herbei, und unter diesen ein Wundarzt. Als dieser merkte, daß der Verwundete noch am Leben war, hohlte er eilends seinen medicinischen Sack. Er zog nun eine weiße Substanz hervor, rieb etwas davon in ein wenig Wasser, und versuchte es in den Mund des Verwundeten zu gießen. Allein sein Mund war fest verschlossen, so wie auch seine Augen, und man glaubte ihn todt. Der indische Arzt öffnete ihm mittelst eines Holzes den Mund, und goß die Arznei in seinen Schlund. In kurzer Zeit fing der Patient an, seine Augen zu bewegen. Der Arzt wendete noch andere Mittel an, und der Verwundete erhohlte sich bedeutend. Nun wurde er in seine Hütte getragen, und der indische Arzt behandelte ihn förmlich und mit vieler Aufmerksamkeit. Am sechsten Tage konnte der Indier schon herumgehen, und in einem Monate war er vollkommen geheilt, aufgenommen, daß er einige Zeit noch heftig hustete. Er lebte noch 20 Jahre nach diesem Ereignisse.

Ein Weißer im Staate Maine, der in der Nachbarschaft eines indischen Dorfes lebte, erhielt eine Wunde in seinen Schenkel, die ihn ganz außer Stande setzte, zu gehen. Er ließ alle Doctoren und Chirurgen seiner Bekanntschaft kommen; sie wendeten allerlei Mittel an, allein seine Wunde wollte nicht heilen. Endlich kam ein Indier und trug ihm auf Freundschaft an, seine Wunde zu heilen. Der Antrag wurde angenommen, und der Indier gebrauchte so vortreffliche obwohl einfache Mittel, daß sein Patient am siebenten Tage frei herum gehen konnte.

Wenn die indischen Aerzte Weiße in ihre Cur nehmen, so bedienen sie sich nur ihrer Arzneien, ohne alle Ceremonien. Allein wenn sie Indier behandeln, gebrauchen sie viele Ceremonien, als Gesänge, Tänze, Opferungen und Teufelsbeschwörungen, und da sie größtentheils auch Betrüger zugleich sind, stellen sie es ihren Patienten vor, daß sie vielmehr durch diese Ceremonien, als durch Arzneien ihre Krankheiten heilen. Sie schreiben die Krankheiten gewöhnlich dem bösen Geiste oder der Bosheit eines Zauberers zu, und geben vor, daß sie zuvor gehörig gestärkt, (d. h. gut bezahlt) werden müssen, ehe sie es unternehmen können, den bösen Geist oder die Zauberkraft aus dem Körper des Kranken zu vertreiben. Und nachdem sie eine hinlängliche Bezahlung erhalten haben, wenden sie ihre Künste an, singen, schreien und springen um den Kranken, bis sie völlig erschöpft sind. Dann ruhen sie aus, und warten, wie sie sagen, die Wirkungen ihrer Künste ab. Wenn es sich ereignet, daß sich der Kranke bald drauf besser befindet, so waren es die Künste des Quacksalbers, die ihn geheilt haben. Befindet er sich aber nicht besser, so wiederhohlt der Gaukler seine tobenden Ceremonien, bis sich entweder der Zustand des Kranken bessert, oder bis der Betrüger einen Vorwand erfindet, warum er den bösen Geist nicht vertreiben kann.

Stirbt aber der Kranke, so ist die gewöhnliche sehr gut aufgenommene Ausrede des Quacksalbers diese, daß er zwar den Teufel, der in dem Kranken war, mit seiner Kunst aus demselben vertrieben habe, allein unglücklicher Weise hat ihm der böse Geist, ehe er ihn verließ, eine tödtliche innere Wunde geschlagen, an deren Folgen er gestorben ist.

Wenn Jemand sehr krank ist, so geben die indischen Aerzte oft vor, daß die Seele aus ihm gefahren ist. Nun nimmt der Arzt eine kleine, eigens dazu bereitete Büchse, rennt wie ein Unsinniger einige Zeit herum, fängt die Seele endlich in die Büchse, bringt sie dem Kranken zurück, und läßt sie in seinen Mund aus. Stirbt der Kranke dessen ungeachtet, so muß ein Vorwand erdacht werden, warum die Seele zum zweiten Mahle nicht gefangen werden konnte.

# Vierzehntes Hauptstück.

## Gebräuche der nord-amerikanischen Indier

## bei der Beerdigung ihrer Todten.

Das Erste, was die nord-amerikanischen Indier thun, wenn Jemand stirbt, sey es Mann, Weib oder Kind, ist, daß sie zwei- oder dreimahl ein Schießgewehr vor der Hütte des Verstorbenen abfeuern, um den Nachbarn den Todfall anzukündigen.

Die hiesigen Indier haben im Allgemeinen die Gewohnheit, ihre Todten ein Paar Stunden nach dem Hinscheiden schon zu begraben. Oft warten sie nicht einmahl zwei Stunden mit der Beerdigung ab, sondern begraben ihren Todten in der nämlichen Stunde, als er stirbt, oder wenigstens todt zu seyn scheint. Man kann sich denken, daß durch diesen grausamen Gebrauch sehr viele Scheintodte begraben werden. Die Indier haben selbst oft Beweise gehabt, daß sie Scheintodte begraben haben, allein sie sind so hartnäckig in Beibehaltung ihrer herkömmlichen Gebräuche, daß sie sich weder durch diese Beweise, noch durch die Ermahnungen der Weißen davon abbringen lassen.

Vor einigen Jahren starb scheinbar am nördlichen Ufer des Sees Superior ein Indier, welchen seine Verwandten ihrem Gebrauche gemäß, sogleich beerdigten. Nach allen verrichteten Ceremonien und beendigter Beerdigung ging jeder in seine Hütte, nur die Witwe des Begrabenen blieb ganz allein auf dem Grabe und weinte. Auf einmahl hörte sie ein dumpfes Getöse im Grabe, fuhr erschrocken auf, lief nach dem Dorfe und erzählte, daß sie ein Getöse im Grabe gehört habe. Die Indier liefen nun zum Grabe, scharrten die Erde auf, und fanden den Begrabenen am Leben. – Allein dessen ungeachtet begruben sie ihren nächsten Todten wieder gleich nach seinem Hinscheiden. Von diesem unsinnigen und grausamen Gebrauche kann nur die Religion Christi sie abbringen.

Alle nord-amerikanischen Indier haben im Gebrauche, den Ueberresten ihrer Todten Ehren zu bezeugen. Wenn ein Indier in einer Schlacht getödtet wird, so geben sich seine Stammesgenossen alle Mühe den Leichnahm zu retten, theils um zu verhindern, daß ihm die Feinde die Haut von der Hirnschale nicht abziehen, theils auch, um ihn ehrenvoll zu beerdigen. Wenn ein Indier fern von seiner Heimath mit seiner Familie überwintert, und dort stirbt, geschieht es oft, daß seine Verwandten den Leichnahm verbrennen, die Asche aufbewahren, und sie bei ihrer Rückkehr nach Hause mit sich nehmen.

Die Indier machen keine Särge, um ihre Todten darein zu legen, sondern haben die allgemeine Gewohnheit, das Grab inwendig mit Baumrinden zu belegen, und wenn der Leichnahm ins Grab gelegt ist, bedecken sie ihn mit Baumrinden, damit die Erde nicht unmittelbar den Leichnahm berühre. Nur jene Indier, die in der Nähe der Weißen leben, begraben ihre Todten in Särgen, welche sie allezeit von den Weißen zum Geschenke erhalten.

Einige nördliche Stämme haben die Gewohnheit, ihre Todten in eine Art von Särgen zu legen, die sie auf Baumstämmen zusammen fügen. Diese Särge begraben sie jedoch nicht in die Erde, sondern machen ein Gerüst von 8 bis 10 Schuh Höhe, legen den Sarg darauf, und lassen den Leichnam da verwesen. Sie sagen, daß sie dieses über den Verlust des Verstorbenen tröstet, da sie ihre Ueberreste immer vor den Augen haben. Deßwegen stellen sie diese Leichengerüste nahe bei ihren Wohnungen auf, und achten den unausstehlichen Gestank nicht, welchen die Verwesung des Leichnams während langer Zeit verursacht, um nur den Trost zu haben, die Ueberreste ihrer abgeschiedenen Freunde nie auf den Augen zu verlieren.

Die Indier haben in der Regel nicht viele Ceremonien bei der Beerdigung ihrer Todten; wenn sie jedoch ausgezeichnete Personen, als Oberhäuptlinge oder berühmte Krieger beerdigen, singen sie mehr, und machen mehrere Anreden.

Ihre gewöhnliche Art zu begraben ist diese. Sobald Jemand stirbt, wickeln sie den Leichnam in ein weißes Tuch, oder in eine wollene Decke ein, und legen ihn auf den Boden an einer Seite der Hütte. Dann streichen sich alle Verwandten und Freunde des Verstorbenen ihre Gesichter schwarz an, setzen sich auf die Erde gegen den Leichnam, zünden ihre Tabackspfeifen an, hängen ihre Häupter nieder, und sitzen ruhig da, ohne ein Wort zu reden. Wenn die Zeit kommt, den Leichnam zu beerdigen, treten die nächsten Verwandten herbei, enthüllen den Leichnam, reden ihn unter vielem Wehklagen und Weinen an, nehmen Abschied von ihm, und umarmen und küssen ihn.

Wenn der Verstorbene ein Ehemann ist, so schneidet die Witwe einige Locken von seinen Haaren ab, die sie ein Jahr lang aufbewahrt, und dann verbrennt.

Gewöhnlich hält der Oberhäuptling des Ortes eine kurze Anrede an den Todten, in welcher er ihm eine glückliche Reise wünscht, und ihm Muth in den Gefahren, in welche er vielleicht auf der Reise kommen wird, einflößt. In einer solchen Leichenrede hörte ich einmahl einen Oberhäuptling des Otschipwe-Stammes folgende seltsame Cession an einen Todten machen. „Ich habe, sagte er viele Siu-Indier in verschiedenen Gefechten getödtet. Diese cedire ich dir, sie sollen deine Sclaven seyn. Sie können dir auf deiner langen Reise gute Dienste leisten, und alle Abende, wenn du, ermüdet von der Reise, dich zur Ruhe legst, werden sie Holz herbeitragen, Feuer machen, und dir allerlei andere Dienste leisten."

Nach der Leichenrede wird der Todte von einigen Männern in der Decke nach dem Grabe getragen. Haben sie einen Sarg, so legen sie den Leichnam sammt der Decke in den Sarg, so wie auch die verschiedenen Geschenke, die sie ihm auf die Reise mitgeben, tragen den Sarg nach dem Grabe, und legen ihn ohne weitere Ceremonien in das Grab. Haben sie keinen Sarg, so legen sie den Leichnam in die Decke gehüllt, ins Grab, legen die Geschenke an seine Seite, bedecken ihn mit Baumrinden und verscharren ihn. Nach der Beerdigung stecken sie einen Pfahl an der Stelle, wo der Kopf des Begrabenen liegt, in die Erde, an deſſen oberm Ende eine rohe Abbildung eines Thieres oder Vogels zu ſehen iſt. Jede indiſche Familie hat den Namen eines Thieres zu ihrem Familiennamen, und dieſes Thier, wird auf dem obern Ende dieſes Pfahles abgebildet.

Die Indier halten ihre Gräber ſehr in Ehren, und bewahren ſie ſorgfältig vor Entehrung, daher machen ſie um ihre Gräber ſtarke Einzäunungen auf Baumſtämmen, die ſie oft auch bedecken.

Die Indier einiger Stämme haben den Gebrauch ein kleines Feuer jeden Abend auf dem Grabe anzuzünden, welches ſie bis Mitternacht unterhalten. Sie thun dieß wenigſtens vier Nächte nacheinander, zuweilen auch längere Zeit hindurch.

Der Gebrauch, den Todten allerlei Geſchenke mit ins Grab zu geben, iſt unter den nord-amerikaniſchen Indiern allgemein. Dieß iſt eine Folge ihres Glaubens, daß die abgeſchiedenen Seelen, (die ſie ſich als Perſonen vorſtellen,) eine lange Reiſe unternehmen müſſen, ehe ſie in das ſchöne Land der Glückſeligen kommen, wo ſie alles Gute und Schöne im Ueberfluſſe finden, allein auf der Reiſe haben ſie noch alle Bedürfniſſe, die ſie in dieſem Leben hatten. Daher geben ſie ihnen ihre Waffen, ein Feuerzeug, Taback, Lebensmittel u. d. gl. mit auf die lange Reiſe.

Einige Stämme haben den Gebrauch, ihren Todten, beſonders wenn ſie Oberhäuptlinge oder ſonſt angeſehene Indier ſind, allerlei indiſchen Schmuck mit in das Grab zu geben, denn ſie ſagen, daß ein Indier, der ärmlich und ſchmucklos an den Eingang des glücklichen Landes kommt, nicht eingelaſſen wird, und wieder auf die Erde zurückkommen, oder im ewigen Elende herumirren muß.

Nebſt den Lebensmitteln, die ſie den Todten in das Grab mitgeben, legen ſie von Zeit zu Zeit auch friſche auf das Grab, die in der Nacht von hungrigen Hunden oder Wölfen verzehrt werden; allein die Indier glauben, daß die Seelen, wenn ſie Mangel an Lebensmitteln haben, auf ihre Gräber zurück kommen, um dort Nahrung zu finden.

Die Trauer nach den Todten iſt unter allen nord-amerikaniſchen Indiern gebräuchlich, allein die Ceremonien dabei ſind in verſchiedenen Stämmen verſchieden. Die alten canadiſchen Indier hatten die Gewohnheit, daß die Verwandten des Verſtorbenen gleich nach ſeinem Hinſcheiden furchtbar zu weinen und zu heulen anfingen. Zuweilen wurden auch noch andere Perſonen gedungen und bezahlt, um nach dem Verſtorbenen zu weinen und zu klagen. Ihre Trauer dauerte ein ganzes Jahr hindurch unter ſehr beſchwerlichen Ceremonien. Die nächſten Verwandten mußten ſich ihr Haar rein abſchneiden, und ſich ihr Geſicht ſchwarz bemahlen. Sie durften Niemanden ins Geſicht ſehen, durften nirgends hingehen, durften nichts warmes eſſen, und ſich nie dem Feuer nähern, um ſich zu wärmen. Dieß dauerte zwar nicht das ganze Jahr ihrer Trauer, jedoch immer eine lange Zeit. In den gegenwärtigen Zeiten sind die Indier in Canada sehr zusammengeschmolzen, und alle sind zur christlichen Religion bekehrt.

Unter den neuern Indiern von Nord-Amerika ist der allgemeine Gebrauch, daß sich die Verwandten des Verstorbenen ihre Gesichter schwarz bemahlen, und die ganze Zeit ihrer Trauer, welche gewöhnlich ein Jahr dauert, mit schwarzen Gesichtern herum gehen, ohne sich je zu waschen, und ohne ihr Haar zu schneiden oder zu kämmen, und die schlechtesten Kleidungsstücke, die sie besitzen, hängen sie auf sich.

Die Dschipwe-Weiber, so wie auch die Weiber einiger andern nördlichern Stämme haben den Gebrauch, wenn ihnen ein Kind stirbt, daß sie sich eine Puppe machen, sie in eine kleine, eigends dazu gemachte Wiege einwindeln, und überall mit sich tragen, wie sie es mit ihrem verstorbenen Kinde zu thun pflegten. Dies thun sie ein ganzes Jahr hindurch.

Wenn ein indisches Eheweib ihren Mann verliert, ist es gebräuchlich, daß sie ihre besten Kleidungsstücke in ein Stück Tuch einrollt, und den Schmuck ihres verstorbenen Mannes, als Ohrgehänge, Finger- und Nasenringe u. dgl. daran befestiget. Diese Rolle, die das Zeichen ihrer Witwenschaft ist, hat sie immer an ihrer Seite, und wenn sie wohin geht, muß sie diese Rolle mit sich tragen. Dieses dauert ein Jahr, oft auch längere Zeit, bis die Verwandten des Verstorbenen ihr die Rolle abnehmen, und dann darf sie wieder heirathen.

Es geschah einmahl, daß die Verwandten des verstorbenen Mannes die hinterlassene Witwe mehrere Jahre hindurch mit der Rolle belastet ließen. Sie wurde ihrer endlich so überdrüßig, und war auch schon so arm an Kleidung geworden, daß sie die Rolle aufzuwinden, und die gute Kleidung, die sie darin hatte zu benützen wünschte. Allein sie wagte es nicht, daß heilige Gesetz ihres Witwenstandes zu brechen. Sie bath die Verwandten ihres verstorbenen Mannes zu wiederhohlten Mahlen, sie von der Witwenrolle zu befreien, bis sie endlich erhört und von der drückenden Witwentrauer erlöset wurde.

Nebst dieser Rolle hat die Witwe ein Jahr hindurch eine eigends dazu bestimmte hölzerne Schüssel beständig an ihrer Seite, in welche sie bei jeder Mahzeit die besten Stückchen legt, und sobald ein Fremder oder auch nur ein Nachbar in die Hütte kommt, reicht sie ihm die Schüssel dar, und sieht ihm mit Vergnügen zu, wie er sich an den guten Bissen erquickt, denn sie sagt, daß der Geist ihres abgeschiedenen Mannes an diesen Mahlen Theil nimmt.

Fast alle nord-amerikanischen Indier halten von Zeit zu Zeit Todtenmahle auf den Gräbern ihrer verstorbenen Freunde und Verwandten, wobei einige auch singen und tanzen, und die Trommel schlagen. Sie sagen, daß die Geister der Verstorbenen sie sehen, und sich ungemein an den Feierlichkeiten ergötzen, die ihre noch lebenden Freunde und Verwandten zu ihrer Ehre anstellen.

Da die Indier ihre Kinder leidenschaftlich lieben, so ist es leicht begreiflich, daß die Aeltern bei dem Tode eines Kindes außerordentlich trauern. Es geschieht nicht selten, daß sie sich durch ihre Trauer Krankheiten zuziehen, und oft den Tod selbst verursachen.

Ein Reisender erzählt Folgendes als Augenzeuge. Er befand sich einige Zeit unter den Siu-Indiern. Es starb in dem Orte, wo er sich aufhielt, ein vierjähriger Knabe. Sein Vater und seine Mutter trauerten außerordentlich. Die Trauer des Vaters besonders gränzte an Verzweiflung. Er nahm oft einen Pfeil oder einen scharfen Feuerstein, und zerfleischte sich damit den Leib. Endlich verfiel er in eine gefährliche Krankheit und starb. Das Bewunderungswürdigste aber bei diesem ganzen Vorfalle war dieß, daß die Mutter des Knaben, die bisher beständig geweint und geheult, und nicht weniger getrauert hatte, als der Vater, nach dem Tode dieses letztern auf einmahl ihre Thränen abtrocknete, mit heiterer Miene zu lächeln anfing, und dann immer heiter und fröhlich blieb.

Der Fremde war erstaunt, als er das Weib, welches nebst ihrem Sohne nun auch noch ihren Mann verloren hatte, so heiter und zufrieden sah. Er konnte sich nicht enthalten, sie um die Ursache dieser plötzlichen und so auffallenden Veränderung zu fragen, und erhielt folgende unerwartete Antwort: „Mein Sohn war nur erst ein kleiner schwacher Knabe, als er starb, und daher unfähig, sich im Lande der Geister seinen Lebensunterhalt zu verschaffen. Daher waren wir beide, mein Mann und ich, außerordentlich traurig wegen der bedauerungswürdigen Lage, in welcher sich unser Söhnchen in jenem fernen Lande befinden mußte. Sobald ich aber sah, daß sein Vater, der den Knaben so sehr liebt, dabei aber ein vortrefflicher Jäger ist, in das nämliche Land hinüber ging, verwandelte sich meine Trauer und Freude, weil ich nun weiß, daß mein geliebtes Kind glücklich ist. – Ich habe nur noch einen einzigen Wunsch, – bald in ihrer Gesellschaft zu seyn." – Mit solcher Kraft wirken die Vorstellungen, die die Indier von dem jenseitigen Leben haben, auf ihre Gemüther.

# ANHANG

## Kurzbiografie von Friedrich Baraga

Baraga Friedrich (Frederic, Friderik) Irenäus (Irenej), katholischer Missionar, Bischof, Sprachwissenschaftler und Ethnograph nordamerikanischer „Indianer". Geb. Kleindorf, Gem. Treffen, Krain (Mala vas, heute Knežja vas – Trebnje, Slowenien) 29. 6. 1797; gest. Marquette, Michigan (USA) 19. 1. 1868. – Viertes Kind von Johannes Nepomuk und Katharina B. (geb. Jenčič). Nach der Volksschule Gymnasium in Laibach (Ljubljana). 1816–1821 Studium der Rechtswissenschaften an der Universität Wien, 1821–1824 Priesterseminar in Laibach, Priesterweihe 1823. Als Kaplan in Krain tätig, verfasste B. ab 1826 theologische Publikationen in slowenischer Sprache. Als erster Missionar der 1829 gegründeten Leopoldinischen Stiftung war er von 1831 bis zu seinem Tod in der Gegend um die Großen Seen (Great Lakes) unter weißen Einwanderern und nordamerikanischen „Indianern" als Seelsorger tätig, zunächst in Arbre Croche (heute Harbor Springs) am Michigan-See, später in Grand River (heute Grand Rapids), La Pointe (auf Madeline Island im Oberen See), L'Anse, Sault Ste. Marie (Weihe zum Bischof 1853) und schließlich in Marquette.

B. erlernte neben Slowenisch Deutsch, in seiner Schulzeit Französisch, Latein und Altgriechisch sowie in Nordamerika Englisch und die Sprachen der Ottawa- und Chippewa-„Indianer". Er publizierte zunächst religiöse Schriften in slowenischer Sprache (z.B. *Dushna pasha sa kristjane, kteri shelé v' duhu in v' resnizi Bogá moliti*, Ljubljana 1830, 9. Aufl. Ljubljana u. Novo mesto 1886; bearb. Neuauflage: *Dušna paša za kristjane, ki želé v duhu in v resnici moliti Boga*, Celovec [Klagenfurt] 1905). Bereits ein Jahr nach seiner Ankunft in Amerika (1832) erschien in der Sprache der Ottawa-„Indianer" ein Gebetbuch, auf Ojibwe 1837. Über die Kultur der „Indianer" verfasste B. auf deutsch die Monographie *Geschichte, Character, Sitten und Gebräuche der nord-amerikanischen Indier* (Laibach 1837; slowenische Ausgabe: *Popis navád in sadershanja Indijanov Polnozhne Amerike*, Ljubljana 1837; französische Übersetzung: *Abrégé de l'histoire des Indiens de l'Amerique septentrionale*, Paris 1837; davon die englische Übersetzung *Frederic Baraga's Short History of the North American Indians*, Calgary 2004;[15] vollständige slowenische Übersetzung von Vlado Fajdiga: *Zgodovina, značaj, nravi in šege severnoameriških Indijancev, Ljubljana* 1970), in der auch die Geschichte von Pocahontas Erwähnung findet.

B.s Erfahrungen und Wissen über die Kultur der „Indianer" in Nordamerika war auch für die ethnologische Forschung von großer Bedeutung, z.B. seine Informationen, die er an Henry Rowe Schoolcraft weiter gab, der historische und statistische Arbeiten zum Thema verfasste. Für die philologische Erforschung grundlegende schriftliche Quellen waren und sind außer der von B. in englischer Sprache verfassten Ojibwe-Grammatik (1850) und dem Ojibwe-Wörterbuch (1853) die ab 1832 in der Sprache der Ottawa- und Chippewa-„Indianer" publizierten religiösen Schriften.

---

[15] Für das Verständnis des vorliegenden Neuabdrucks des deutschen Originaltextes ist die Lektüre der Einleitung des Herausgebers der englischen Übersetzung sehr empfehlenswert: „Editor's Introduction. Piety, Perception, and Justice. Frederic Baraga in the New World" in: MacDonald, Graham A. 2004. *Frederic Baraga's Short History oft the North American Indians*, Calgary: University of Calgary Press, 1–45.

Ab 1843 war L'Anse, ein alter Pelzhandelsort am Oberen See, das Zentrum des erfolgreichen missionarischen Engagements von B. Neu entdeckte Kupfervorkommen im Bereich der Oberen Michigan-Halbinsel lockten zahlreiche Zuwanderer aus aller Welt in die ursprünglich überwiegend indianisch besiedelten Ortschaften, was eine Herausforderung und ein weiteres Betätigungsfeld für B. darstellte.

1853 wurde B. durch Papst Pius IX. zum Bischof des Apostolischen Vikariats der Oberen Michigan-Halbinsel ernannt und in der Kathedrale St. Petrus in Ketten (St. Peter in Chains Cathedral) in Cincinnati geweiht. Ab Jänner 1857 Bischof der katholischen Diözese von Sault Ste. Marie, Michigan. Der Bischofssitz wurde 1865 nach Marquette verlegt.

B. reiste 1837 und 1854 nach Europa, um für die weitere finanzielle und personelle Unterstützung seiner Mission zu werben und diese abzusichern. Seine ältere Schwester Amalia spielte dabei eine vermittelnde Rolle. Mit ihr stand B. in ausführlichem brieflichem Kontakt. Seine jüngere Schwester Antonia wollte ihn persönlich bei der Missionsarbeit unterstützen, ein Vorhaben, das sie jedoch aus gesundheitlichen Gründen aufgeben musste.

Seine in den frühen 1830er Jahren gesammelten Gegenstände aus dem Alltagsleben von Ottawa- und Chippewa-„Indianern" (Kleidungsstücke, Werkzeuge, Waffen, Einrichtungs- und Kunstgegenstände etc.) übergab B. 1837 dem Krainischen Landesmuseum (heute Narodni muzej Slovenije) in Laibach. Heute befinden sich diese 47 Sammlungsgegenstände (sowie weitere der Missionare Pirc, Čebul u.a.) im Slowenischen Ethnographischen Museum (Slovenski etnografski muzej, Ljubljana).

Religions- und kulturgeschichtlich aufschlussreich sind neben der Korrespondenz mit seiner Schwester Amalia vor allem B.s Tagebücher.

B. zu ehren sind in Michigan ein Ort, Township und ein Verwaltungsbezirk (Baraga-County) benannt, ebenso der Baraga State Park sowie eine katholische Schule in Iron Mountain. In L'Anse steht eine Statue B.s, die ihn mit Kreuz und Schneeschuhen, ein von ihm häufig benutzter Fortbewegungsbehelf auf seinen Missionswegen, darstellt („Schneeschuh-Priester").

## Quellen

Das Archiv der Diözese Marquette, Michigan (USA) bewahrt an die 2000 Briefe aus der Korrespondenz B.s. auf, weitere Dokumente (u.a. der Bishop Baraga Association) befinden sich im Archiv der University of Notre Dame (UNDA), Indiana (USA).

Geburtsurkunde: NŠAL, ŽA Dobrnič, Matične knjige, Krstna knjiga 1770–1799, 147.

## Weitere Werke

*Pisma in dokumenti* [Briefe und Dokumente: deutsch, englisch und slowenisch], Ljubljana 2001.

*The diary of Bishop Frederic Baraga. First bishop of Marquette, Michigan*, Detroit, Michigan 1990, 2001 [engl. Übersetzung aus dem Originaltagebuch B.s].

*Frederic Baraga's Short History of the North American Indians*, Calgary, Alberta 2004.

*A theoretical and practical grammar of the Otchipwe language : the language spoken by the Chippewa Indians, which is also spoken by the Algonquin, Otawa and Potawami Indians, with little difference : for the use of missionaries and other persons* ..., Detroit 1850.

*Otchipwe Anamie-Masinaigan, gwaiakossing anamiewin ejitwadjig, mi sa catholique-enamiadjig gewabandangig*, Paris 1837.

*Bratovşhina ş. Leopólda, k' pomózhi misijonarjam, to je poslanim osnanovavzam kershanske katolshke vére v' Ameriki; ali popís, kako se kershanshka katolshka véra v' Ameriki rasshirjá /* is nemshkiga spisal Janes Ziegler ..., Ljubljana 1833, 1837.

*Otawa Anamie-Misinaigan, gwaiakossing anamiewin ejitwadjig, mi sa catholique-enamiadjig gewabandangig*, Wawiyatanong 1832.

## Lexikoneinträge

Österreichisches Biographisches Lexikon, Online-Edition, Lfg. 3 (15. 11. 2014); Buchberger; Wurzbach; Slovenski biografski leksikon; Slovenski etnološki leksikon; Enciklopedija Slovenije; Enciklopedija Jugoslavije (1955, Neuausg. 1980); Hrvatska enciklopedija (1941); Slovenika (I); Osebnosti (I); Narodna enciklopedija srpsko-hrvatsko-slovenačka; Appletons' Cyclopaedia of American Biography (Vol. I); Dictionary of Canadian Biography, vol. 9; Lexikon für Theologie und Kirche (1); Catholic Encyclopedia.

## Literatur

Ceglar, Charles A.: *Baragiana Collection*, vol. 1: *The Works of Bishop Baraga*, Hamilton, Ontario 1991, vol. 2: *Bibliography*, Hamilton, Ontario 1992.

Čižmić, Ivan / Klemenčič, Matjaž: *Croatian and Slovene missionaries as inventors and explorers of the American West and Midwest*. In: Društvena istraživanja (Zagreb) 4/5 (2002) 761–783.

Feest, Christian F.: *The native American collection of Friderik Baraga. Comparative and contextual aspects / Zbirka indijanskih predmetov Friderika Barage: Primerjalni in kontekstualni vidiki*. In: Etnolog (Ljubljana) 8 (1998) 285–330. Verfügbar unter: http://www.dlib.si/?URN=URN:NBN:SI:DOC-80KRG592 (24. 1. 2017).

Gložančev, Alenka: *Slovenski misijonar Friderik Baraga – tudi jezikoslovec*. In: Jezikoslovni zapiski (Ljubljana) 6 (2000) 175–181. Verfügbar unter: http://www.dlib.si/details/URN:NBN:SI:DOC-NT36VN16 (24. 1. 2017).

Gložančev, Alenka: *Slovenec Friderik Baraga – misijonar in začetnik misijonske lingvistike*. In: Slava – debatni list (Ljubljana) 1/2 (2001/02) 52–61.

Golob, France: *Misijonarji, darovalci indijanskih predmetov / Native American objects donated by missionaries* [slowenisch / englisch]. Ljubljana 1997 [e-Book in Vorber.].

Kasprycki, Sylvia S.: *The native American collection of Friderik Baraga: The missionary as ethnographic collector / Indijanska zbirka Friderika Barage: Misijonar kot etnografski zbiralec*. In: Etnolog (Ljubljana) 8 (1998) 331–371.

Kummer, Gertrude: *Die Leopoldinen-Stiftung (1829–1914). Der älteste österreichische Missionsverein*, Wien 1966.

Lambert, Bernard J.: *Sheperd of the Wilderness. A Biography of Bishop Frederic Baraga*, Chicago 1974.

MacDonald, Graham A.: *Piety, Perception, and Justice. Frederic Baraga in the New World*. In: Frederic Baraga's Short History oft the North American Indians, Calgary, Alberta 2004.

Novak, Vilko: *O pisatelju in knjigi*. In: Friderik Baraga: Zgodovina, značaj, nravi in šege severnoameriških Indijancev, 5–12.

Rebula, Alojz: *Irenej Friderik Baraga kot človek / Irenej Friderik Baraga as a man*. In: Etnolog (Ljubljana) 8 (1998) 251–265. Verfügbar unter: http://www.dlib.si/?URN=URN:NBN:SI:DOC-80KRG592 (24. 1. 2016).

Rezek, Antoine Ivan: *History of the diocese of Sault Ste. Marie and Marquette*, Houghton, Michigan 1906.

Schoolcraft, Henry Rowe: *Historical and statistical Information, respecting the History, Condition and Prospects of the Indian Tribes of the United States : Coll. and prepared under the direction of the Bureau of Indian Affairs per act of Congress of march 3rd 1847 ; 2*, Philadelphia 1852. Verfügbar unter: http://www.mdz-nbn-resolving.de/urn/resolver.pl?urn=urn:nbn:de:bvb:12-bsb10220585-3 (26. 10. 2016).

Terčelj, Marija Mojca: *Baragova zbir[k]a in njen pomen za neevropsko etnologijo v Slovenskem etnografskem muzeju / The Baraga collection and ist significance to non-European ethnology in the Slovene Ethnographic Museum*. In: Etnolog (Ljubljana) 8 (1998) 267–283. Verfügbar unter: http://www.dlib.si/?URN=URN:NBN:SI:DOC-80KRG592 (2. 6. 2017).

Verwyst, Chrysostom: *Life and Labors of Rt. Rev. Frederic Baraga, First Bishop of Marquette, Mich. To which are added short Sketches of the Lives and Labors of other Indian Missionaries of the Northwest*. Milwaukee, Wisconsin 1900. Verfügbar unter: https://archive.org/details/lifeandlaborsofr00verwuoft (24. 1. 2016).

Vončina, Leon: *Friedrich Baraga. Eine Biographie des hochwürdigen Missionars und ersten Bischofs von Ober-Michigan*, Klagenfurt/Celovec; Wien/Dunaj [u.a.] 2000.

Walling, Regis M. & Rupp, N. Daniel (Hrsg.): *Baraga, Frederic, 1797–1868. The diary of Bishop Frederic Baraga: first bishop of Marquette*, Michigan, Detroit 1990.

(Michael Reichmayr)

## Schriften von Friedrich Baraga[16] und weitere Literatur

A poem by Frederic Baraga. 1991. *Baraga Bulletin* 45: 1.

Baraga, F. 1830. *Dushna Pasha*. Ljubljana [o. Verl.].

Baraga, F. 1830. *Fünf Wunden Jesu*. [o. Ort, o. Verl.; Gedicht]

Baraga, F. 1830. *Jesu am Kreutze*. [o. Ort, o. Verl.; Gedicht]

Baraga, F. 1830. *Od pozheshevnja in posnemanja*. Ljubljana [o. Verl.].

Baraga, F. 1832. *Otawa Anamie Misinaigan, Prayer Book*. Detroit [o. Verl.].

> Weitere Auflagen und Ausgaben: Paris 1837, Detroit: Smith 1842; ab 1846 unter dem Titel *Katolik Anamie-Misinaigan, Prayer book in Otawa*. Detroit: Dagg & Harmon; Detroit: Munger & Pattison 1849; Cincinnati: Hemann 1855; Cincinnati: Hemann 1858; tw. Reprint Harbor Springs 1898

Baraga, F. 1832. *Obiskovanje J. K. on pozdravljenje Matije*. Pirš & TZ [o. Verl.].

Baraga, F. 1832. Letter written to the Leopoldine Foundation, Vienna, regarding the Indians found near Manistique, Michigan, July 1.

Baraga, F. 1835. *Dušna paša*. [o. Ort, o. Verl.].

Baraga, F. 1835. Življenje in delo med Indijanci. [Life and labours among the Indians]. *Illyrisches Blatt* XVI/48: 189.

Baraga, F. 1837. *Otchipwe Aanamie Masinaigan, Prayer Book*. Paris: Bailly. [Gebete, Gesänge, Katechismus]

Baraga, F. 1837. *Abinodjiiag Omasinaiganiwan, Primer*. Buffalo: Oliver G. Steele.

> Weitere Ausgaben: Cincinnati 1845, Detroit: Bagg & Harmon 1849, 1853 unter dem Titel: *Otchipwe Kikinoamadi – Masinaigans, Primer*. New York: Benzinger Brothers; New York: Benzinger Brothers 1874; 1880 (in: *Verwyst's Mikana gijigong enamog* [o. Ort, o. Verl.].)

Baraga, F. 1837. *Jesus obimadisiwin ajonda aking* [Life of Jesus in Ottawa]. Paris: Bailly.

Baraga, F. 1837. *Jesus obimadisiwin oma aking* [Life of Jesus in Ojibwe]. Paris: Bailly.

Baraga, F. 1837. *Premishljevanje shtirih poslednjih rezhi*. Ljubljana [o. Verl.].

Baraga, F. 1837. *Geschichte, Character, Sitten und Gebräuche der nord-amerikanischen Indier*. Ljubljana: J. Klemens.

> Slowenisch: *Popis navad in sadershanja Indijanov*. Ljubljana: J. Klemens.

> Weitere Auflage: 1970 [o. Ort, o. Verl.]

> Französisch: *Abrégé de l'histoire des indiens de l'Amerique septentrionale*. Paris: Société des Bons Livres, E.J. Bailly.

Baraga, F. 1837. Das Ausland. Ein Tagblatt für die Kunde des geistigen und sittlichen Lebens der Völker 4/161 [o. Seitenang.].

---

[16] Vgl. mit „Die Schriften Bischof Baragas" in: Thauren, Johannes. 1940. *Ein Gnadenstrom zur Neuen Welt und seine Quelle. Die Leopoldinen-Stiftung zur Unterstützung der amerikanischen Missionen. Ihr Werden und Wirken auf Grund der Quellen dargestellt*. Mödling: St. Gabriel, 183–185. Für ein ausführliches Quellen- und Schriftenverzeichnis siehe: Ceglar, Charles A. 1991. *Baragiana Collection*, vol. 1: *The Works of Bishop Baraga*. Hamilton: Baragiana Publishing; ders. 1992. *Baragiana Collection*, vol. 2: *Bibliography – Bishop Frederic Baraga*. Hamilton: Baragiana Publishing.

Baraga, F. 1843. *Gete Dibadjimowin, gaie dach Mekate – Okwanaieg*. Ljubljana: Joseph Blasnik. [Biblische Geschichte, Gebete und Gesänge]

Baraga, F. 1844. *Slate Jabelka*. [Golden Apples]. [o. Ort, o. Verl.].

Weitere Ausgaben: [3]1856, [4]1879

Baraga, F. 1846. *Katolik Gagikwe – Masinaigan*. Detroit: Geiger. [oder Bagg & Harmon?].

Weitere Ausgaben: Detroit: Munger & Pattison 1849, Cincinnati: Hemann 1858, New York: Benzinger Brothers 1874

Baraga, F. 1846. *Nebeshke roshe. Heavenly roses*. Ljubljana [o. Verl.].

Baraga, F. 1846. *Jesus od Ijitwawin. Catechism*. Detroit [o. Verl.].

Baraga, F. 1846. *Cards of the Temperance Society*. Detroit [o. Verl.].

Baraga, F. 1847. Answers to the inquiries respecting the history, present conditions and future prospects of the Indian tribes of the Unites States, October 2. [o. Ort, o. Verl.].

Baraga, F. 1848. Katolik Anamie-Masinaigan, Prayer book in Ojibwe. Detroit [o. Verl.].

Weitere Ausgaben: Detroit: Munger & Pattison 1849, Cincinnati: Hemann 1858, Cincinnati: Hemann 1863, Cincinnati: Hemann 1865

Baraga, F. 1849. Brief „Meine geliebteste Amalia", 19. März 1831. *Mittheilungen des historischen Vereins für Krain* 49: 86–88.

Baraga, F. 1850. *Katolik Enamiad*. Detroit: Jabez Fox.

Reprint: Winnipeg: Canadian Publ. Ltd. 1939

Baraga, F. 1850. A theoretical and practical Grammar of the Otchipwe language for the use of missionaries. Detroit: Jabez Fox.

Weitere Ausgaben: Montreal: Beauchemin & Valois 1878

Baraga, F. 1853. *Kitchi-Mekatewikwanaie. Pastoral letters*. Cincinnati: Catholic Telegraph Book & Job Office.

Baraga, F. 1853. A Dictionary of the Otchipwe language, explained in english. Cincinnati: A. Hemann.

Weitere Ausgaben: Montreal: Beauchemin & Valois 1878 und 1880 (2 Bde), Minneapolis: Rose and Haines 1966 [und 1973 und/oder 1957].

Baraga, F. 1855. *Kagige Debwewinan*. Cincinnati: Hemann. [„Ewige Wahrheiten"]

Baraga, F. 1855. Briefliche Mitteilungen. *Laibacher Zeitung* 162 und 237 [ohne Seitenang.].

Baraga, F. 1856. *Statuta Dioecesis*. Detroit: Plater.

Weitere Ausgabe: Detroit: Plater 1863

Baraga, F. 1858. Ejiwebak Iweowidjindiwin Awga Bini Ojigit Mari [o. Ort, o. Verl.].

Baraga, F. 1859. *Sermons*. Montreal: Louis Perrault.

Weitere Ausgaben: Montreal 1887

Baraga, F. 1861. Extrait d'une lettre de Mgr Frederic Baraga, eveque de Sainte Marie. *Annales de la Propagation de la Foi* 33: 483–487.

Baraga, F. 1863. A lecture delivered by Bishop Baraga. *Wahrheitsfreund* 2
> Engl. Übersetzung in: *Acta et Dicta* 1917: 99-110.

Baraga, F. [1866]. Extracts of his letters from June 9, 1854 – Sept. 26, 1866. [o. Ort, o. Verl.].

Baraga, F / Belcourt, G. 1877. *A Dictionary of the Otchipwe language*. Montreal: Beauchemin & Valois. [ev. das gleiche wie 1853?]

Baraga, F. 1898. Fr. Baraga's Catechism. *Anishinabe Enamiad* III: 5, 11, 18, 26, 34, 59, 67, 76.

Baraga, F. 1940. Letter to Pierz, dates Junde 13, 1834. *Social justice review* 33: 131–132.

Baraga, F. 1961. Lecture on the customs and manners of the Indians. *Baraga Bulletin* 15: 3.

Baraga, F. 1966 und 1973(?). *A dictionary of the Otchipwe language*. Minneapolis: Rose and Haines.

Baraga, F. 1976. *Chippewa Indians, as recorded by Father Baraga in 1847*. New York: Studio Slovenica.

Catlin, George. 1842. *Letters and notes written during eight years among Indians in North America, 1822–1839*. 2 vol. London: Tilt & Bogue. [veröffentl. Briefe von Baraga?]

Eberhard, Laurentius (Hg.). 1927. *Die Seelenspeise der öfteren hl. Kommunion. Betrachtungs- u. Gebetbuch* / Friedrich Baraga. Nach d. Sloven. bearb. von Laurentius Eberhard. Einsiedeln: Verlagsanstalt Waldstatt.

Gregorich, Joseph. 1948. From the diary. *Baraga Bulletin* 3: 2.

Gregorich, Joseph. 1950. Baragas first letter from the USA. *Baraga Bulletin* 4: 4.

Hofman, Mihael. 1931. Meditation on the Holy Rosary, with Father Baraga's introduction, 1837. *Nebeške rože* IV [ohne Seitenangabe].

Hilger, Sr. M. Agnes. 1936. Letters and documents of Bishop Baraga extant in the Chippewa County. *Records of the A.C.H.S. of Philadelphia*, St. Mary's academy, Altona/Wisconsin, Vol. XLVII: 292–302.

Kenton, Edna (ed.). 1954. Jesuits. Letters from the missions. The Indians of North America. 2 vol. New York: Vanguard Press.

Kenton, Edna / Thwaites, Reuben G. (eds.). 1927. *Jesuits. Letters from Missions (North America)*. New York: Harcourt & Brace.

Letters of Bishop Baraga. 1957. *Baraga Bulletin* 11: 4.

MacDonald, Graham (ed.). 2004. *Frederic Baraga's Short History of the North American Indians*. Calgary: University of Calgary Press.

Monumenta Hofbaueriana. 1939. *Baraga Letters to Murray (1858–1867)*. Janez Čebulj.

Nickle, Sr. Mary R. 1940. *Letters of Bishop Baraga to his sister Amalia*. North Dakota: University of North Dakota.

Nichols, John D. (ed.). 1992. *A dictionary of the Ojibway language*. Minneapolis: Minnesota Historical Society Press.

Schretlen, A. 1987. *Gijendamowinan. Cree-Ojibway*. Resolutions. Taken from Baraga's book: Jesus o Bimadisiwin (Ojibwy-English) [o. Ort, o. Verl.].

Thwaites, Reuben Gold (ed.). 1896–1901. *Jesuits letters from missions (North America)*. Cleveland: Burrows Bros. Co.

Tomazin, Ignatius. 1876. *Letters to Brouillet and others*. [o. Ort, o. Verl.; Briefe von Baraga?]

Tomazin, Ignatius. 1877. Several letters. [o. Ort, o. Verl.]. [Briefe von Baraga?]

Walling, Regis M. / Rupp, Daniel N. (eds.). Gregorich, Joseph / Prud'homme, Paul (transl.). 1990. *The diary of Bishop Baraga*. Detroit: Wayne State University Press.

(Birgit Pack)

FSC
www.fsc.org
MIX
Papier | Fördert
gute Waldnutzung
FSC® C083411

Zeitfracht Medien GmbH
Ferdinand-Jühlke-Straße 7
99095 Erfurt, Deutschland
produktsicherheit@kolibri360.de